guide

导读

福柯《规训与惩罚》

（修订版）

How to Read

Foucault's Discipline and Punish

安妮·施沃恩（Anne Schwan）
史蒂芬·夏皮罗（Stephen Shapiro） 著

庞 弘 译

重庆大学出版社

目 录

空间规训*

理解米歇尔·福柯《规训与惩罚》的关键概念

在西方当代思想史上,米歇尔·福柯(Michel Foucault)是一位以兼收并蓄著称的人物,其代表作包括《疯癫与文明:理性时代的疯狂史》《临床医学的诞生:医学知觉考古学》《词与物:人文科学考古学》《知识考古学》《规训与惩罚:监狱的诞生》《性史》(三卷本),等等。在福柯广博的知识谱系中,《规训与惩罚》是一部不容错过的著作。该书聚焦于17世纪以来的法国刑罚史,展现了惩罚方式由"酷刑"到"监狱"的变迁过程,进而对现代"规训社会"(disciplinary society)的权力运作机制加以深入解析。作为福柯谱系学(genealogy)研究的典范之作,《规训与惩罚》涉及权力(power)、知识(knowledge)、惩罚(punishment)、身体(body)、自由(freedom)、主体性(subjectivity)、真理(truth)、僭越(transgression)、革命(revolution)等诸多问题。在这些问题中,"空间规训"(space

---

* 作为我最重要的生活伴侣,李赛乔同学对本文的撰写亦有贡献,在此表示衷心感谢。

discipline)具有不言而喻的战略意义,它不仅连缀、编织起福柯的规训思想体系,亦揭示出在一个"空间转向"(spatial turn)的背景下,当代社会的某些趋向与发展可能。故而,对空间规训的深度开掘与恰切诠释,便成为破译《规训与惩罚》的一把至关重要的钥匙。

一、何为"规训"?

空间规训由"空间"(space)和"规训"(discipline)组合而成,故而,对规训一词的阐明便成为理解空间规训的必要条件。在西文中,discipline 常表示"纪律"、"训练"、"训导"、"管教"、"惩戒"、"校正",亦可表示为一种现代知识话语的"科目"或"学科"。[1] 在福柯笔下,规训一词被赋予了特殊内涵,意指对个体加以干预、操控与塑造,使之变得恭顺而驯服的技术手段。在《规训与惩罚》中,福柯对规训的生成语境、主导特征和运作逻辑做了令人印象深刻的描述。

福柯首先回顾了规训得以形成的历史背景。在大革命之前的"旧制度"(Ancien Régime)阶段,"君主权力"(sovereign power)是占据压倒性优势的权力形态,其最鲜明的表现,是在众目睽睽之下公然实施的残酷刑罚——弑君者达米安(Damiens)所遭遇的被铁器撕扯、被硫黄炙烤,乃至被四马分肢、焚尸扬灰的惨剧,便是最形象化的说明。酷刑的最主要功用,谓之"杀一儆百",即通过伤痕累累、惨不忍睹的肉体,以象征性的方式彰显君主对触犯其威严者的复仇,并造成对围观群众的恐吓与震慑。在此,酷刑将体现出一种

---

[1] 当然,"规训"与"学科"的同构性在当下已愈发明显。作为现代性分化(differentiation)的产物,学科一方面提升了研究的效率,另一方面,又导致学术人困守于狭窄的小圈子中,成为偏执一隅的"技术专家"。学科在精神层面所带来的匮乏,其实和规训颇有些异曲同工之处。

"司法-政治功能"（juridico-political function）："它是重建一时受到伤害的君权的仪式。它用展现君权最壮观时的情景来恢复君权。"[1] 随着时间的推移,酷刑的威慑作用变得愈发有限,原因有二:其一,酷刑在令人心惊胆寒的同时,亦可能因过度残暴而引发某种"反转"。当直面刑场上血肉模糊的犯人时,人们往往对其心生同情,甚至将其美化为一位慨然就义的殉道者,一位威廉·华莱士（William Wallace）[2] 那样的英雄人物。在此种状况下,统治者反倒被指认为嗜血成性的恶魔,而抗争与反叛之火亦将在民众中不断蔓延。其二,更重要的是,社会形态的转变对惩罚提出了新的要求。自 18 世纪末、19 世纪初以来,中产阶级日益取代国王而跃升为社会主导。伴随中产阶级社会的来临,犯罪形式亦有所改变:不同于传统社会中大规模、群体性的暴力犯罪,在中产阶级社会,非法活动更多由个别人或小团体发起,其目标在于以走私、偷窃或欺诈等方式谋取经济利益。鉴于此,社会治理的最重要目标,便不再是借严刑峻法以儆效尤,而是通过对惩戒技术的改进来"对付变得更微妙而且在社会中散布得更广泛的目标"[3],进而在更普遍的意义上对中产阶级的社会契约加以维护。以上两种因素的交互作用,一方面使酷刑逐渐淡出历史舞台,另一方面又催化了规训在现代社会中的蓬勃兴盛。

接下来,福柯就规训的内涵与属性详加阐述。福柯宣称,规训并非一般意义上的"制度"或"机构",而是"一种权力类型,一种

1　[法]米歇尔·福柯:《规训与惩罚:监狱的诞生》,刘北成等译,北京:三联书店,2003 年,第 53 页。
2　威廉·华莱士是苏格兰独立战争的重要领袖之一,他在被公开处决时发出的"自由"的呼喊,在无数苏格兰人心中播下了革命的种子。华莱士的传奇故事在梅尔·吉布森（Mel Gibson）主演的奥斯卡获奖影片《勇敢的心》中得到了精彩演绎。
3　[法]米歇尔·福柯:《规训与惩罚:监狱的诞生》,刘北成等译,北京:三联书店,2003 年,第 99 页。

行使权力的轨道"，它所包含的，是"一系列手段、技术、程序、应用层次、目标"。[1] 规训具有三个重要特征：其一，在范围上，规训并未诉诸大规模的人群，而是以个体为目标，甚至试图将人体的不同部分区别对待；其二，在对象上，规训不再关注人体的诸种表象（representations），而是着眼于身体的"机制、运动效能、运动的内在组织"，以操练身体并使之变得驯服而高效；其三，在控制模式上，规训聚焦于个体的活动过程而非结果，并通过"不间断的、持续的强制"，通过对时间、空间和活动的缜密安排与重新构造而发挥作用。[2] 足见，规训不同于奴隶主对奴隶的横征暴敛，而是潜入人体"内部"，不动声色地改造主体的精神世界；规训不同于君主对臣民的居高临下的训斥，而是以碎片化、非中心的姿态，散布于社会生活中每一个隐微难察的角落；规训亦不同于禁欲主义对本能冲动的无情扼杀——作为与资本主义经济相伴而生的存在，它一方面致力于削减人体力量，使个体屈从于各式威权的宰制，另一方面，又试图从某些方面强化人体力量，使个体孜孜不倦地投入经济生产活动。由此，福柯提出，规训的范例是巴黎监狱中的一份作息时刻表，它将犯人的一天分解为祷告、工作、进餐、休息和学习等不同阶段，并以"润物细无声"的方式，对其一举一动加以全方位的把控。基于对规训的理解，不难看出福柯对马克思（Karl Marx）的承续。马克思断言，资本主义的核心诉求，在于转变生产方式，从工人的劳动中榨取剩余价值；在福柯看来，规训的一大目标，同样是依凭对"驯顺性"（docility）的提升来增强"实用性"（utility），亦即使个体深陷于资本主义制度之中，并不断创造出中产阶级所渴慕

1　[法]米歇尔·福柯:《规训与惩罚:监狱的诞生》,刘北成等译,北京:三联书店,2003 年,第 241-242 页。

2　参见[法]米歇尔·福柯:《规训与惩罚:监狱的诞生》,刘北成等译,北京:三联书店,2003 年,第 155 页。

的经济利益。当然,在经典马克思主义的视域中,经济与政治虽是"决定-被决定"关系,但依然保持着相对的独立性;福柯则相信,在规训的运作过程中,经济(即效益最大化)与政治(即对个体的征服)两个维度始终难解难分地纠缠在一起:"如果说经济剥削使劳动力与劳动产品分离,那么我们也可以说,规训强制在肉体中建立了能力增加与支配加剧之间的聚敛联系。"[1]

　　藉由对规训的深度开掘,福柯揭穿了现代人道主义温情脉脉的假面。他一再暗示,酷刑在今日的隐遁,并不意味着社会已变得更开明、仁慈、博爱,而是传达出一些令人细思极恐的征兆。诚如加里·古廷(Gary Gutting)所言,现代社会的要旨并非减轻约束,而是"从野蛮但分散的肉体惩罚转向减少疼痛但更具侵犯性的心理控制"[2],亦即以微妙、隐晦、无孔不入的规训技术来达成对个体精神与人格的彻底操控。克瑞西达·海斯(Cressida J. Heyes)对此深有感触。在她看来,规训所缔造的是一种新的个体身份:"这样的个体是一个循规蹈矩、温良恭顺、自我监督的人,他被认为……将以特定方式发展,并服膺于更严密、但似乎又更温和的管理方式。"[3]

二、从"规训"到"空间规训"

　　福柯较早认识到空间的重要意义。他承认,在人类文明的漫

1　[法]米歇尔·福柯:《规训与惩罚:监狱的诞生》,刘北成等译,北京:三联书店,2003年,第156页。

2　[美]加里·古廷:《福柯》,王育平译,南京:译林出版社,2010年,第83-84页。

3　Cressida J. Heyes. "Subjectivity and Power." *Michel Foucault: Key Concepts*, ed. Dianna Taylor. Durham: Acumen, 2011. 163.

长历程中,空间往往"被看作死亡的、固定的、非辩证的、不动的"[1],往往意味着时间的无足轻重的附庸。但他相信,上述状况在现今已悄然改变:空间不再是纯然的"方位"或"处所",不再是令人生厌的"中空容器",而总是与主体的情感态度、价值取向乃至生存焦虑保持着血脉关联。故而,从某种意义上说,"当今的时代或许应是空间的纪元"[2]。纵观福柯的学术生涯,空间虽未被频繁谈及,却又是一条贯穿始终的精神脉络。[3]

对空间与规训的亲缘性,福柯同样有较深入认识。他观察到,权力弥散于空间之中,并依凭空间而得以持存与维系。故而,空间不仅是一切公共生活的基础,亦充当了"任何权力运作的基础"[4]。作为现代权力的典范形态,规训自然与空间保持着密切关联,其最显著表现,在于"空间规训"这一权力运作的特殊方式。所谓空间规训,意指通过对空间的刻意为之的筹划、设置与构造,对个体的心理状态和人格结构产生潜移默化的影响,使之心悦诚服地屈从于既有的社会-文化秩序,并逐渐蜕变为驯顺而高效的"被规训的物种"。在此过程中,空间是规训的最重要载体,又充当了规训发挥效能的难以替代的路径:"一系列围绕生命……而启动的

1　[法]米歇尔·福柯:《权力的地理学》,严锋译,载包亚明主编:《权力的眼睛——福柯访谈录》,上海:上海人民出版社,1997年,第206页。

2　[法]米歇尔·福柯:《不同空间的正文与上下文》,陈志梧译,载包亚明主编:《后现代性与地理学的政治》,上海:上海教育出版社,2001年,第18页。

3　朱迪特·勒薇尔(Judith Revel)指出,在福柯的思想版图中,对空间的言说展现为如下三个扇面:一是"对关押的思考",即围绕监狱、医院、精神病院等隔离与禁断机制的研究;二是"违犯和反抗",即对如何逃离或僭越诸种"界限"(limits)的追问;三是"对城市空间及其组织,对移居现象或殖民进行独特的探索",其关注焦点,在于人们所熟知的外显的、具象化的空间构造。参见[法]朱迪特·勒薇尔:《福柯思想辞典》,潘培庆译,重庆:重庆大学出版社,2015年,第49-50页。

4　[法]米歇尔·福柯、[美]保罗·雷比诺:《空间、知识、权力——福柯访谈录》,陈志梧译,载包亚明主编:《后现代性与地理学的政治》,上海:上海教育出版社,2001年,第13-14页。

控制配置、力量图表、分割和分布，以及场地和组织正是通过空间才得以展开"[1]。

在《规训与惩罚》中，福柯将空间规训指认为一种"分配的艺术"（the art of distributions），它主要涉及如下几个层面：一是空间的封闭性。个体应当被限定于一个"与众不同的、自我封闭的场所"之中，从而远离公众的视线。之所以如此，是为了对个体行为加以有效监管，以防止骚动、叛乱、消极怠工等意外状况的出现。封闭式空间的表率，是日益被高墙或大门所隔离的兵营、工厂或修道院。二是空间的分隔性。空间务必被细分为若干更小的"单元"，使每一个体各居其所。这样做的目的，一方面在于截断个体之间可能的纽带，以消除人群的大规模聚集或流动，另一方面，是要制造一个"可解析的空间"（analytical space），藉此对不同个体加以分门别类的评估、审查与管制。分隔式空间的范例，当属寄宿制学校的宿舍，它将学生按编码（即学号）安置于一个个单元（即床位）之中，以最经济的方式实现对为数甚多的学生的管理。三是空间的功能性。空间应成为一个"功能性的场所"（functional site），它不仅保证了对个体的严密监管，亦有助于个体在适合自己的位置上更好地发挥作用。在现代工厂中，这种功能性特质有集中体现。工人不再如传统手艺人一般掌控全局，而只是作为流水线上的一个环节，对产品生产中的某一细节（哪怕是一颗螺丝钉）负责。这种机械化的操作使劳动变得刻板、乏味、令人窒息，但无疑使生产效率得以大幅度提升。四是空间的等级性。在规训的施行中，空间被分解为具有流动性和可互换性的诸多因素，每一因素的价值取决于其所处位置，而这种微妙的位置感，成为促使人们认同既定秩序，并为之倾注心力的重要诱因。等级性的一个绝妙案例，是中学

1　[法]朱迪特·勒薇尔：《福柯思想辞典》，潘培庆译，重庆：重庆大学出版社，2015年，第51页。

或小学的教室:不同学生往往按"表现"被安置于不同座位("表现良好者"通常坐在前排,并享有教师的更多优待),从而于无形中建构起一种"人人争先"的竞争机制。[1] 总之,空间规训的实质,在于构造"既是建筑学上的,又具有实用功能的等级空间体系"[2],它不仅把控着具体、有形的空间配置,亦凸显出对个性、情感、意向等隐性维度的深刻影响,从而成为物质与精神、现实与想象、肉体与灵魂相交织的独特存在。

由此,福柯展开了对监狱的讨论。照理说,较之酷刑等其他惩罚方式,监狱存在着与生俱来的诸多缺陷。[3] 然而,出人意料的是,几乎在转瞬之间,监狱便跃升为现代西方社会中主导性的惩罚模式。福柯笃信,监狱之所以风靡不衰,关键在于其完美践履了空间规训的内在逻辑。自19世纪初以来,监狱"剥夺自由"的功能愈发与"改造个体"的诉求紧密关联,它的宗旨,不仅是扣除犯人的时间来向社会"还债",也是对犯人的整个生命加以干预和治理。换言之,监狱有必要成为一种"全面规训"(omni-disciplinary)的空间形态,它表征着对犯人的"几乎绝对的权力",进而"对每个人的所有方面——身体训练、劳动能力、日常行为、道德态度、精神状

1　关于"分配的艺术"的四个层面,参见[法]米歇尔·福柯:《规训与惩罚:监狱的诞生》,刘北成等译,北京:三联书店,2003年,第160-167页。

2　[法]米歇尔·福柯:《规训与惩罚:监狱的诞生》,刘北成等译,北京:三联书店,2003年,第167页。

3　大体上,监狱的不足之处包括:(1)以监禁为主的惩罚方式缺乏针对性;(2)监狱的运营成本太过高昂;(3)监狱将犯人隐藏在幽闭之处,无助于进行公共教育;(4)犯人在监狱长期生活后,很难重新融入社会;(5)监狱使犯人彼此接触,并交流犯罪经验,从而有可能成为犯罪分子的"技能提升班";(6)监狱是一片"隐匿晦暗的、充满暴力的可疑之地",各种"躲猫猫"的情况时有发生,犯人的安全无法得到保障。参见[法]米歇尔·福柯:《规训与惩罚:监狱的诞生》,刘北成等译,北京:三联书店,2003年,第128-129页。

况——负起全面责任"。[1] 福柯概括了监狱在空间建构上所遵循的三条思路:首先,监狱的标志性特征是隔离,即"使犯人与外部世界、与促成犯罪的一切事物、与促成犯罪的集团隔离开,使犯人彼此隔离"。按照监狱设计者的构想,将犯人分隔在逼仄的单人囚室中,将大大降低其私下串通并图谋不轨的可能;当犯人孑然独处时,他们往往对罪行深感悔恨,并坚定痛改前非的决心;同时,在孤立无援的情况下,犯人更容易听命于看守或狱卒,从而变得平静而温顺。其次,监狱还有必要使犯人工作。表面上看,让犯人投身工作,要么是为了培养其劳动技能,要么是为了利用廉价劳动力,以赚取高额利润。然而,在福柯看来,监狱的作用远不止于此,它并非一座工厂,而更类似于一部巨大的机器,"犯人-工人既是它的部件,又是它的产品"。即是说,监狱在驱遣犯人制造产品时,亦试图"按照工业社会的一般规范制造出机械化的个人"。监狱之所以向犯人支付工资,并非犒赏其辛勤劳动,而是要激励其改过自新,并毫无保留地融入资本主义社会的现行体制。再次,监狱还"愈益变成一种调节刑罚的工具"。监禁时间不完全取决于犯罪的类型和严重程度,而应依据犯人在狱中的具体表现灵活调整。这样,监狱便体现出某些医院的特征,它以"缩短刑期"为药方,促使犯人根除其违法乱纪的欲望。至此,一个有趣的现象随之出现。监狱管理者拥有了凌驾于法官之上的绝对权威,他们可结合具体情况,对监禁时间加以自主裁量。当然,不同于"旧制度"时期的蛮横与专断,这种权威是通过"观察、鉴定、分析、报告、分类"等一系列精微的技术手段而实现的。[2] 最终,监狱被构造为一座"教养所"(penitentiary),旨

1　[法]米歇尔·福柯:《规训与惩罚:监狱的诞生》,刘北成等译,北京:三联书店,2003 年,第 264 页。

2　关于监狱在空间构造上的三条路径,参见[法]米歇尔·福柯:《规训与惩罚:监狱的诞生》,刘北成等译,北京:三联书店,2003 年,第 264-278 页。

在从道德、品质、情趣、秉性、价值观等层面对犯人加以深度改造，使之无可挽回地沉陷于规训的罗网。詹姆斯·米勒(James Miller)一语道破了潜藏在监狱之中的规训法则："……福柯所讨论的'监狱'，不仅是那种由看守监视着的、由砖石和钢铁构筑起来的监狱，它同时也是一种内在于人心之中的'监狱'，一种由良心监视着的、由人的自然倾向和爱好构筑起的'监狱'。"[1]

监狱的存在给人以一种错觉，似乎只要身处牢栏之外，便一定能享有绝对而充分的自由。殊不知，监狱在空间规训上的恰切性，已使其结构原理和运作逻辑为诸多社会机构竞相仿效。放眼望去，无论是工厂的车间、医院的病房、公司的格子间，还是貌似"不食人间烟火"的大学校园，皆在不同程度上体现出监狱的特征。[2] 由此，福柯解构了西方思想史上关于"自我"(self)的神话。在他看来，自我并非独立、自主、自足的存在，而是各种规训与审查技术的造物，充塞其中的，是一整套"已经形成，并且与惩罚权力的实践愈益纠缠在一起"的"知识、技术和'科学话语'"。[3] 自我所昭示的，并非令人心旷神怡的自由与解放，而是一个危机重重的现代陷阱。

1　[美]詹姆斯·米勒：《福柯的生死爱欲》，高毅译，上海：上海人民出版社，2005年，第291页。

2　2016年7月，一次参观女子监狱的经历，使笔者真切感受到大学与监狱在空间规训上的相通之处。且不说大学在空间设置(宛若"鸽子笼"的宿舍)、时间规划(规律到有些乏味的作息时间)、动作编排(各种繁琐制度对行为的约束)等方面与监狱的类似，更令人记忆犹新的是：监狱中的犯人为了获得"积分"以兑换刑期，必须收敛锋芒，对管理人员言听计从；同样，在校学生为了赚够"学分"以顺利取得文凭，必须谨小慎微、循规蹈矩，在某些时候，还不得不摧眉折腰。足见，监狱与大学在运作方式上是何其相似！

3　[法]米歇尔·福柯：《规训与惩罚：监狱的诞生》，刘北成等译，北京：三联书店，2003年，第24页。

三、全景敞视监狱:"空间规训"的典范模式

如果说,监狱在相当程度上体现了空间规训的特征,那么,空间规训的最完美、最具典范意义的版本,当属福柯详加解析的"全景敞视监狱"(Panopticon)。全景敞视监狱(或曰"圆形监狱")来源于英国功利主义者杰里米·边沁(Jeremy Bentham)的设想,其基本构造原理如下:

> 四周是一个环形建筑,中心是一座瞭望塔。瞭望塔有一圈大窗户,对着环形建筑。环形建筑被分成许多小囚室,每个囚室都贯穿建筑物的横切面。各囚室都有两个窗户,一个对着里面,与塔的窗户相对,另一个对着外面,能使光亮从囚室的一端照到另一端。然后,所需要做的就是在中心瞭望塔安排一名监督者,在每个囚室里关进一个疯人或一个病人、一个罪犯、一个工人、一个学生。通过逆光效果,人们可以从瞭望塔的与光源恰好相反的角度,观察四周囚室里被囚禁者的小人影。这些囚室就像是许多小笼子、小舞台。在里面,每个演员都是茕茕孑立,各具特色并历历在目。[1]

作为空间规训的集大成者,全景敞视监狱包含如下几个关节点。首先,全景敞视监狱对"可见性"(visibility)有非一般的执着,它致力于使每一个体清晰可见,并处于持续的审视与监督之下。在此,权力并非以暴力诉诸肉体,而是在某种光学法则的驱遣下运作,即通过对个体的目光接触,令其置身于一个难以摆脱的权力场域。

1　[法]米歇尔·福柯:《规训与惩罚:监狱的诞生》,刘北成等译,北京:三联书店,2003年,第224页。

基于对可见性的追逐，全景敞视监狱颠覆了人类文明史上关于"光明"/"黑暗"的经典对立（或福柯所谓的"二元话语"）。长久以来，光明是公正、理性与秩序的表征，黑暗则无异于充满未知恐惧的深渊。在全景敞视监狱中，情况发生了戏剧性的反转："充分的光线和监督者的注视比黑暗更能有效地捕捉囚禁者，因为黑暗说到底是保证被囚禁者的。可见性就是一个捕捉器。"[1] 其次，全景敞视监狱践履了"效率"这一现代社会的最重要诉求，即用最小的投入换取对最大数目人口的管制。由于每间囚室只能关押一名犯人，全景敞视监狱便制造了强烈的"个体化"（individualization）效果，它将犯人转化为孤立、封闭的存在，最大限度地规避了暗中勾结或聚众喧嚷的可能。更重要的是，依凭别出心裁的空间设计，全景敞视监狱将囚室中的犯人建构为被观看的对象，同时剥夺其观看的机会和能力。这样，全景敞视监狱"在被囚禁者身上造成一种有意识的和持续的可见状态，从而确保权力自动地发挥作用"。[2] 换言之，由于犯人不知自己何时会遭到窥视，他们始终处于惴惴不安的状态，并不得不时刻保持举止合宜——哪怕瞭望塔上压根没有看守时亦复如此。最终，监视的威胁并非来自外界，相反，犯人将成为自我监视的本原。鉴于此，福柯宣称，全景敞视监狱不啻为空间规训的最精妙手段——"这个办法真是妙极了：权力可以如水银泻地般地得到具体而微的实施，而又只需花费最小的代价。"[3] 再次，由于造价低廉、简便易行，全景敞视监狱体现出极强的普适性，它几乎适用于一切想象力所及的对象或情境。福柯观察到，时至今

1　［法］米歇尔·福柯：《规训与惩罚：监狱的诞生》，刘北成等译，北京：三联书店，2003 年，第 225 页。

2　［法］米歇尔·福柯：《规训与惩罚：监狱的诞生》，刘北成等译，北京：三联书店，2003 年，第 226 页。

3　［法］米歇尔·福柯：《权力的眼睛》，严锋译，载包亚明主编：《权力的眼睛——福柯访谈录》，上海：上海人民出版社，1997 年，第 158 页。

日，"全景敞视主义"（Panopticism）的空间法则已被包括政府、法庭、学校、精神病院、军营在内的诸多机构广泛采纳，[1] 从而成为现代国家威权得以确立的制度化基础。他甚至不无夸张地指出："与其说是国家机器征用了圆形监狱体系，倒不如说国家机器建立在小范围的、局部的、散布的圆形监狱体系之上。"[2] 随着全景敞视主义的普及，权力亦呈现出独特的"关系性"（relational）形态，它不再以"自上而下"的方式强加，而是悄无声息地弥散于整个社会领域，对个体施以微妙、细密、绵延不断的干预和操控。

福柯敏锐感受到全景敞视监狱对当代生活的侵入。在他看来，全景敞视主义所带来的是"一种无面孔的目光"，它将使整个社会转化为一片可供观察的场域："有上千只眼睛分布在各处，流动的注意力总是保持着警觉，有一个庞大的等级网络。"[3] 如今，这种社会的"全景敞视化"已是司空见惯的现象。有学者发现，在当前，建筑不只是个体栖居的处所，依凭"门禁社区、可视监控系统以及堡垒式安全装备"等一系列技术手段，建筑攫取了个体自由行动的能力，并导致其从肉体到心灵的全方位屈从。[4] 放眼今日之都市空间，数不胜数的监控与记录装置，更是让人联想到奥威尔（George Orwell）笔下"老大哥"冷酷、凌厉、无从逃遁的目光：

1　在观看杰克·尼科尔森（Jack Nicholson）的成名作《飞越疯人院》时，不少人想必会对片中精神病院的内部构造印象深刻：大厅的四周是供病人休憩与活动的空间，在大厅正中，则伫立着一座由玻璃窗围成的、四面透明的护士室。暴君式的女护士长藏身于玻璃小屋，将精神病患者的一举一动尽收眼底。精神病院所呈现的空间形态，无疑是全景敞视监狱在现代的一个微缩模型。

2　[法]米歇尔·福柯：《权力的地理学》，严锋译，载包亚明主编：《权力的眼睛——福柯访谈录》，上海：上海人民出版社，1997年，第208页。

3　[法]米歇尔·福柯：《规训与惩罚：监狱的诞生》，刘北成等译，北京：三联书店，2003年，第240页。

4　参见[英]伊冯·朱克斯：《监狱建筑之美学与反美学》，张杰译，载汪民安、郭晓彦主编：《生产：建筑、空间与哲学》，南京：江苏人民出版社，2019年，第231页。

从道路收费系统到手机电话,从地铁站里的摄像头到印有条形码的办公室门钥匙,从商店的会员制到工作中对互联网使用的检查,监控网密密麻麻地分布在城市之中。不过,其目的倒不一定是要盯着每一个实际的事件看,尽管这始终是个重要目标——不如说,这更多地是为了预见行动,为不测事件作准备。[1]

值得一提的是,在虚拟的网络空间中,全景敞视主义的法则同样有生动演绎。在网络空间中,人们以匿名的姿态出场,尽情表现出自己最真实(甚至是最不可告人)的情趣、嗜好和欲望,殊不知,自己的一切活动都将被电子数据库"留此存证",并通过点击、评论、搜索记录等相对固定的形态而显现。故而,人们在享受"从心所欲"的巨大快感时,亦极有可能使自己毫无遮掩地暴露于众目睽睽之下,从而再度为一个 Web2.0 版本的"全景敞视监狱"所禁锢。新生代哲学家韩炳哲(Byung-Chul Han)对此颇有感触:"我们的每一次点击都会被保存下来,我们操作的每一个步骤都是可追溯的。我们无时无处不留下数字痕迹。在网络中,我们的数字生活被精准地呈现。全盘记录生活的可能性使得监狱完全取代了信任。大数据当上了'老大哥'。对生活的无缝式的完全记录让透明社会更加完满。"[2] 他还观察到,在网络空间中,"看守"和"犯人"的界限变得模糊不清,人们在身陷他人目光之囹圄时,又常常 24 小时无休地向他人投以窥探与猎奇的目光。由此,韩炳哲提出,较之福柯所谓"生命政治"(biopolitics)对公民之生老病死的操持,网络空间所催

1　[英]艾伦·莱瑟姆等:《城市地理学核心概念》,邵文实译,南京:江苏教育出版社,2013 年,第 106 页。

2　[德]韩炳哲:《在群中:数字媒体时代的大众心理学》,程巍译,北京:中信出版社,2019 年,第 102 页。

生的是一种更难以抵御的"精神政治"（psychopolitics）：通过"看"与"被看"的交织与转换，网络"从内心出发对人们施加监视、控制和影响"，[1] 从而无可避免地改造了主体的社会行为。

四、"空间规训"的抵抗之途

空间规训不仅是形上思考的结晶，它所映射的，是空间与权力的交叠带给每一个普通人的真实困境。在今日之学术研究中，空间规训具有重要的启示意义。诚然，空间绝非同质化的存在，而是"物质"与"精神"复杂纠缠的产物。然而，在全球化与都市化的背景下，研究者多聚焦于空间变迁中直观、外显、物质性的一面，相应忽视了空间之维在精神与情感层面的微妙影响。[2] 基于此，对空间规训的透彻诠释，便体现出补偏救弊的价值，它有助于人们深入个体生命体验的复杂机理，从中发掘出空间与权力在当下交互指涉的更丰富可能。

至此，一个值得深思的问题是：如果说，我们每个人都生活在空间规训的阴霾之下，那么，这种空间规训的力量是否就不容抗拒？乍一看，福柯的态度是令人沮丧的，他将《规训与惩罚》最后一章的标题命名为"the carceral"，以表示监狱向整个社会扩张和蔓延

1　[德]韩炳哲：《在群中：数字媒体时代的大众心理学》，程巍译，北京：中信出版社，2019 年，第 111 页。

2　如在近些年大热的《驱逐》一书中，美国城市学家萨森（Saskia Sassen）提出，"驱逐"（expulsions）已成为全球政治-经济格局中的主导权力范式。所谓"驱逐"，意指全球经济复杂化所造成的野蛮后果，其中包括社会主流对贫困者、失业人口、破产者、难民、亚文化群体的拒斥，亦涉及资本全球扩张所造成的水土资源的耗竭，以及随之而来的整个生物圈的萎缩。显然，萨森在此关注的是"驱逐"所带来的诸种肉眼可见的弊端，较少谈及这些弊端对个体心理的深重伤害。参见[美]萨斯基娅·萨森：《驱逐：全球经济中的野蛮性与复杂性》，何森译，南京：江苏凤凰教育出版社，2016 年。

的总体趋势。[1] 在他看来,整个社会已化身为一片此起彼伏的"监狱群岛"(carceral archipelago),从而使规训的影响力渗透至"最轻微的非法活动,最不起眼的不正规、偏离或反常以及过失犯罪的威胁"[2]。然而,在福柯貌似晦暗的话语中,仍然可依稀见出些许希望。施沃恩(Anne Schwan)和夏皮罗(Stephen Shapiro)对此深有体会。基于对《规训与惩罚》的文本耕犁,他们断言,福柯并未描绘一幅"封闭铁屋子"般毫无出路的图景,而是暗示出改变的可能:"如果说,规训在今天依然能保持高效,那仅仅是因为它还没有遭受充分的挑战,它之所以依然如此高效,是因为它是以一种几乎'不可见'的方式在我们的日常生活中发挥作用。然而,福柯的终极目标在于阐明规训的运作方式,以使其能够受到挑战。"[3]

　　或许,我们可以从两条路径来应对空间规训的侵蚀。其一,是主体性路径。在福柯看来,权力并非恒常不变的压抑与束缚,而更类似于一个具有交互性、生产性和流动性的关系系统。[4] 故而,主体不仅为权力所塑造,亦将作为权力关系中的一个节点,以地方性的姿态对权力加以抵制。对此,不少学者已有过深入思考。如狄安娜·泰勒(Dianna Taylor)便宣称,规训并未扼杀主体的自由,而是使主体获得了脱离当下位置的可能。这样,主体便有机会在自由的实践中对权力关系加以引导,进而颠覆既有的、似乎不容置

1　carceral 在英文中有"监狱的"、"监狱制度的"、"类似于监狱的"等意思。福柯之所以采用这一术语,意在表示形形色色的规训技术冲破实体性的监狱(prison),贯穿于整个社会之中的"监狱化"状态。

2　[法]米歇尔·福柯:《规训与惩罚:监狱的诞生》,刘北成等译,北京:三联书店,2003年,第342页。

3　Anne Schwan and Stephen Shapiro, *How to Read Foucault's Discipline and Punish* (London: Pluto Press, 2011), 9.

4　参见[法]米歇尔·福柯:《性经验史》,佘碧平译,上海:上海人民出版社,2002年,第68-69页。

疑的规范与秩序,将自身建构为不同于"当前之所是"的存在。[1]
约翰娜·奥克萨拉(Johanna Oksala)则强调身体在抵抗规训中的
"策源地"意义。在她看来,身体(及其快感)既充当了权力的某种
效果,又成为一个无法被权力所秩序化的特殊节点,并逐渐使主体
存在的自由维度得以彰显。[2]　然而,主体性路径所面临的困局是:
既然福柯断言,规训(尤其是空间规训)已遍及当代社会,那么,我
们如何才能说服自己相信,这种借以反抗规训的"自由"或"身体快
感"是源于主体的本真体验,而并非依然是规训的结果? 其二,是
技术性路径。在斯蒂格勒(Bernard Stiegler)眼中,技术无异于人类
的"本体性缺失":它一方面昭示了人类与生俱来的缺陷,另一方
面,又引导着人们"运用生命以外的方式来寻求生命"[3],并逐步建
构了"人之为人"的本质所在。诚然,空间规训的关键,是诸种技术
装置对主体能动性(agency)的俘获。然而,技术的作用并非全然消
极,在某些情况下,它可能为主体注入强大能量,并转化为抗衡空
间规训的积极策略。如前所述,网络空间使全景敞视监狱获得了
新的生长土壤,但网络所独有的技术情境,同样为主体性的觉醒提
供了一定的契机。如在现今网络热点事件所促发的"全民围观"
中,普罗大众被赋予了观看的权力,而一度居于"瞭望塔"顶端的少
数权势人物,则多半降格为遭受无数人目光洗礼、质询与审判的对
象。上述状况在一定程度上动摇了全景敞视主义的固有格局,并

1　参见 Dianna Taylor. "Practices of the self." *Michel Foucault: Key Concepts*, ed.
　　Dianna Taylor. Durham: Acumen, 2011. 173-186.

2　参见 Johanna Oksala. "Freedom and bodies." *Michel Foucault: Key Concepts*, ed.
　　Dianna Taylor. Durham: Acumen, 2011. 85-97.

3　[法]贝尔纳·斯蒂格勒:《技术与时间:1.爱比米修斯的过失》,裴程译,南京:
　　译林出版社,2000 年,第 21 页。

有助于达成揭露丑恶、维护正义、扶持弱小等积极的社会-文化功效。[1] 当然，如何使公民培养健全的技术理性，从而在技术的"规训"与"反规训"向度之间做出恰切的选择，这又是另一个有待深究的问题。

1　参见庞弘：《论新媒体事件的"观看之道"》，载周宪、陶东风主编：《文化研究》（第35辑），北京：社会科学文献出版社，2019年，第193-196页。

又是一部关于福柯的作品？米歇尔·福柯（Michel Foucault，1926—1984）是"二战"之后最具国际影响力的法国学者之一。福柯关于"权力"（power）与"知识"（knowledge）的共谋关系，以及二者在社会控制中所发挥作用的理论著作，成了他声名远播的最主要理由。福柯在英语世界的人文社会科学中产生了如此深远的影响，以至于在这些领域中，如果无法对他的作品、概念或术语有所理解，你便几乎不可能自诩为一位严肃认真的学习者。无论当代作者对福柯是热切赞同还是竭力反对（或是介于两者之间），几乎所有人都对他广泛的影响力作出了回应，尽管有人时常并未意识到他们对福柯的思想资源的依赖。因此，那些试图对福柯加以阐释、应用或拓展的著述或文献，其数量便十分可观。那么，时至今日，为什么需要一本关于福柯及其最常被引用的作品——《规训与惩罚：监狱的诞生》（*Discipline and Punish：Birth of the Prison*［1975 年出版，英译本于 1977 年出版］）的导读书呢？

本丛书的总体目标是为理论经典的新读者们填补空缺,他们在近些年来一直备受冷落。随着"理论"(theory)在人文社会科学中得到更广泛的运用,学生们越来越多地通过从大部头作品中节选的关键段落(通常收录于专门设计的文选之中)来学习理论著作。然而,这种策略将使那些新近接触理论的人失去在完整语境中阅读批判性论点的机会。文选的读者们失去了了解论点形成过程的机会,或者说,他们甚至不知道自己会对这些拼凑起来的片断作何反应。如果说,那些对理论充满敌意的人常常抱怨,许多作者把某些理论语汇当作可以催眠的魔咒,播撒在文本之中,好像如此一来,它们就可以变成不言而喻的真理。那么,文选便应当负有部分责任,无论其编纂者的初衷是多么良好。

另一方面,本丛书相信,当那些不熟悉理论的读者得到帮助,并对一部重要作品在总体上的精心架构加以探究时,他们才能更好地理解这部作品的整个思想轨迹。倘若没有这样的完整视野,读者们将面临把某一论点肢解为无数碎片的危险,并由此而误解一位博学多才的作者所试图表达的内容。

无论是大体上看还是具体来说,在《规训与惩罚》这部福柯最重要的作品中,不完整性的谬误较之其他作品要更为常见。正因为《规训与惩罚》被如此频繁地引用,英语世界的读者便常常依靠二手的阐释或文集来对其加以理解,而没有意识到由此带来的局限或谬误,于是,大量有关这部作品的写作都是无所助益的。我们感受到,那些希望从福柯的洞见中充分获益的读者们,需要回过头来将《规训与惩罚》作为一个整体来加以阅读,需要关注其实际的主张以及论证的结构(而不是人们从中获取的主观想象)。具体说来,现今有关《规训与惩罚》的论述已经尤为明显地被三个重要缺失所损害,而这些缺失正是我们致力于修复的。

第一个缺失在于,《规训与惩罚》的缩略本忽视了《规训与惩罚》首先是一部产生于特定的法国知识背景下的历史著作。这本书考察了从 17 世纪晚期、18 世纪初期到 19 世纪中期(以及更久以后),在惩罚形式的改变中所包含的策略与手段。然而,在福柯出版这部作品时,在主宰英语世界的历史书写方式和法国学者(他们挑战了英语语系历史学家所偏爱的主题与方法)的书写方式之间,如果说不存在彼此的敌意的话,那么,也依然存在着巨大的分歧。这种分歧的一个特征是,法国学者不再依靠(通常是)伟大的人物来定义历史,转而对无名之辈或非英雄人物的社会史加以研究。这些人往往是被学术界所忽略的,即工人阶级和穷人、妇女、乡村劳动者、"不正常的人"或罪犯(他们是彼此重叠的类别)。法国历史学家的另一个特征,是拒绝依赖特殊的纪念日(如战争纪念日)。通过以数十年、甚至数个世纪为一个单位,或通过选择不直接由少数历史精英的行动所决定的日期,他们转向了更长的时间段。甚至在英语语系的左派和工运历史学家开始书写被剥削者的历史时,他们依然倾向于强调"事件"(events)而不是更为漫长的时间间距。

因为福柯的作品一般都符合法国人的兴趣,他的作品大多是被文学专业而非历史专业的教授介绍到美国和英国。虽然文学教授更容易接受福柯的观点,但反过来,他们也常常对福柯所描述的历史阶段,以及造成历史变迁的原因兴味索然。他们主要关注的是有助于解释现代文学和文化实践的最近的历史阶段。由于忽视了福柯所描述的不同历史时期之间的转变,文学和文化研究者没有意识到,福柯阐述了不同惩罚模式是如何只有在其所属时期的主导特征和紧张关系的背景下才有意义。然而,如果我们不关注福柯对西方社会是如何发展为现代形态的描述,我们便既无法认识到"当下"(present)是不断发展的历史进程中的一个时刻,也无法认识到福柯关于我们如何超越或摆脱这个当下的那些明白无误,又常常是暗示性的见解。此外,如果读者们只阅读了《规训与惩罚》中的某些部分,他们便很可能感到,福柯的视野刻板而缺乏变化,他们便无法从这本书所提供的信息中生发出更丰富的内容。然而,为了揭示福柯对一个可能的"后规训社会"(post-disciplinary society)所作出的贡献,我们必须密切关注他对不同历史阶段的描述,以此而发现福柯所强调的社会变革的构成因素。

在某种意义上,《规训与惩罚》似乎很容易读。该书的大部分都写得文采飞扬,并采用了形象化的、一望而知的例证。同时,该书依照部分和章节来加以组织(尤其是福柯常常给自己的论点标上数字),因而很容易概括。此外,福柯常常非常审慎地运用其理论术语,并以一种精确的、一以贯之的方式,对他试图阐明的概念加以区分。然而,在另一层意义上,福柯又可以成为一位难以阅读的写作者。之所以难以阅读,是因为福柯在相当程度上是战后法国知识界的一分子。在巴黎及其周边的高等院校中,通过一系列著名的理论争端,学者们往往非常熟悉彼此的学术立场。由于这种(有时甚至是令人窒息的)接近,他们发展出了一种依靠少许随意的言辞便足以标明自身立场的写作风格。

对不太熟悉法国学术环境及其相关问题的读者来说,很容易被忽视的,是那么看似无关紧要的评论,但事实上,它们才是解码某一段落的关键所在。例如,虽然很多人会认为,18、19世纪期间法国的任何一段社会史都将受到1790年代法国大革命的深远影响,出于下文将部分解释的理由,福柯却很少使其读者关注这方面的内容。原因部分在于,福柯假定其读者是法国人,因而非常熟悉自己的政治史,尤其是同法国大革命和现代国家相关联的时期。很多福柯的当代英语读者则不那么通晓这些重大事件及其代表性人物。当这种缺失与福柯对其他学术观点的轻描淡写的暗示结合在一起时,《规训与惩罚》中大量的重要内容便显得模棱两可、无足轻重,可以被一带而过。反过来,英国政治学家杰里米·边沁对"全景敞视监狱"(Panopticon)这一新的"模范监狱"(model prison)的规划,之所以被如此普遍地编入文选之中,原因之一或许是,该部分一反常态地涉及一位已经为人熟知的作者的英文材料;同时,该部分也已经得到了附带的阐释,从而使福柯的见解显得分外清楚明了。但"全景敞视监狱"部分可以说已经完全从本书中移除,因为该部分主要重复了福柯此前在《规训与惩罚》中已经提出的观点。不过,由于英语读者未能跟从福柯所建构的历史性叙述,亦不了解关于法国大革命的事迹,他们便倾向于依赖关于全景敞视监狱的章节,基于对《规训与惩罚》的片面认识而作出一些怪异的解读。

　　福柯没有更明确地谈论大革命的理由,涉及绝大多数英语语系的讨论中所存在的第二个缺失:那就是福柯与马克思的关系。在 20 世纪的绝大多数阶段,对于欧洲的作者而言,马克思主义都莫过于最主要的学术思潮之一。无论他们以右派或左派自居,几乎所有人在写作中都对马克思的政治经济学著作有所关注。除此之外,在战后的法国和意大利,共产党也是一个规模巨大的政治党派。鉴于共产党在英国和美国曾经置身的历史边缘地带,对于讲英语的人而言,无处不在的有关马克思的学术交流,以及斯大林主义的法国共产党(French Communist Party[PCF])对于 20 世纪的大量知识事件的广泛影响是难以理解的。福柯在 1960 年代之后展开写作,此时,法国共产党已经被斥责为阻碍了工人和学生的抗争运动,因此,福柯(他本人在 1950 年代曾短暂地是一名共产党员)常常力图使自己同法国共产党的官方政党路线(以及与之关联的理论范畴)保持距离。福柯很少提及法国大革命(它已成为检验人们对法国共产党忠诚与否的"试金石"),以此表明他在政党与自我之间保持距离的愿望。由于法国大革命被官方的左派解读为寓言性地昭示了 1918 年的俄国革命,以及随之而来的西方国家资本主义和东方国家苏维埃主义的冷战冲突,任何对 1970 年代的谈论都是令人忧虑不安的。因此,如果说福柯没有在大革命问题上耗费大量的时间,原因便在于,他希望避免被认为卷入了围绕党派联盟的冲突之中。同时,正如我们将会看到的那样,福柯相信,政党政治掩盖了现代权力关系(power relations)和阶级分化的运作方式。

　　然而,与官方的共产党相疏离,并不等于是拒斥马克思的著作及其深刻见解。在《规训与惩罚》中,马克思是福柯最喜爱引用的学术权威之一,而福柯也含蓄而明确地运用马克思在《资本论》中的观点来解释历史变化的逻辑。在介绍马克思时,福柯总是将其作为支撑性的依据,而从未将其作为一个将要被驳斥的角色。正如福柯所表明的那样(第 221 页)[1],如果没有他称为"规训"(discipline)的支配形式,资本主义便无法存在;而如果没有资本主义的发展壮大,规训也就无法取得成功。从很多方面来说,在对待阶级斗争、权力和知识时,《规训与惩罚》的一个主要任务,是为新近学习马克思的人们提供一条路径,使他们可以摆脱法国共产党在解释工人阶级为何屈从于中产阶级的权威时,对于"意识形态"

1　本书所引《规训与惩罚》的原文(及页码)均出自其英译本。——译者注

(ideology)、"虚假意识"(false consciousness)等术语的越发频繁而又徒劳无益的使用。

然而,由于许多英语语系的批评家(他们使用的是1970年代之后的理论资源)一方面明确地将自己定位为反马克思主义者;另一方面,又更普遍地根本不熟悉马克思的著作,这造成了他们在阅读福柯的过程中,对福柯与马克思的一致之处矢口否认或视而不见。同样,许多所谓的"马克思主义者"将福柯追随者的论断误认为福柯本人的观点,他们同样(错误地)坚称,福柯对唯物主义者的主张持不赞成的态度。我们感到,任何对《规训与惩罚》的基础性阅读,都将使上述说法不再可能出现。因此,我们写作本书的第二个理由,是需要去除围绕《规训与惩罚》所积累起来的偏见,而重新审视它实际上提出的主张。正如福柯一再要求的那样,我们需要伴随马克思对资本主义的批判而重构我们对《规训与惩罚》的阅读。

究其实质,《规训与惩罚》令人震惊地瓦解了中产阶级所信奉的个体观念,以及这一观念所包含的政治、经济和文化价值。自由主义政治将个体权利尊奉为宪法和法律理论的核心,并致力于使"阶级"或"种族"那样的群体变得微不足道、无迹可寻。自由主义关于内在的基本自由的观念取决于这样一种假设,即个体的言论和信仰必须受到社会的保护。个体同样处于自由经济理论的中心,这种理论强调,在订立合同的时刻,两个相互认同的伙伴确立了买卖关系,这是实施商业交易的最公平途径。从文化角度看,个体被赞颂为启蒙理性、人文主义情感、艺术天才之浪漫迷狂的标志,同时也被赞颂为本真的、感性的、行动中的身份的容器。

伴随着长期存在的左派与马克思主义传统,福柯借《规训与惩罚》一书表明,对个体在以上这些方面的塑造,掩盖了中产阶级在资本主义经济中成为主导集团的欲望。订立合同的场景遮蔽了实际存在的权力的不平等,启蒙理性与强制性的力量紧密关联,而个体本真人格(authentic personality)的人文主义神话历来被建构为一种控制有威胁群体(即那些劳动阶层和下层阶级)的手段。然而,当福柯对个体自由的人文主义修辞(humanist rhetoric)报以怀疑时,他便挑战了将个体身份视为解放之工具的基本的主流预设。

至此,我们发现了对福柯的诸多阅读中所存在的第三个缺失。由于福柯关注的是占主导地位的社会结构,因此,人们很容易相信,他所呈现的是一种极权化的景象,是一幅没有出路的"封闭铁盒子"的图景。这种悲观的阅读方式只能来源于对福柯作品的"去历史化"(de-historicized)和"去语境化"(de-contextualized)的解读。然而,福柯曾反复提出,每一个历史阶段都将(并且也正在)逐渐逝去,其原因往往在于,它无法控制来自底层和劳动阶层的大众的反抗。如果说,规训在今天依然能保持高效,那仅仅是因为它还没有遭受充分的挑战,它之所以依然如此高效,是因为它是以一种几乎"不可见"的方式在我们的日常生活中发挥作用。然而,福柯的终极目标在于阐明规训的运作方式,以使其能够受到挑战。不过,福柯是在他的访谈,而不是在《规训与惩罚》中更直截了当地探讨了这一进程。

福柯从未展现出一个铁板一块的社会,也从未暗示左派的政治行动主义(political activism)是毫无意义的。福柯是在他身为监狱信息小组(GIP[Le Groupe d'Information sur les Prisons/Group for Information on Prisons])成员期间写作《规训与惩罚》的,该组织致力于提供一个公共媒介,使法国的囚犯可以倾吐怨言,而此时,犯人们争取权益的暴动正成为新闻。在他的另一些作品中,福柯谈到,学术研究者需要使历史上的被剥夺者重新发出声音,以帮助他们获取更好的当下境遇。《规训与惩罚》便从属于这样的愿景。当福柯谈到,他是在书写"当下的历史"（the history of the present）（第31页）时,他是在邀请自己的当代读者借鉴他的历史教训,而并非简单地将这些教训铭记于心。

上述三个要素,即（革命的）历史、马克思主义和行动主义,在福柯的叙述中常常是沉默的,然而如果没有它们的话,对于《规训与惩罚》的清楚明了、令人满意的解读便不可能出现。在此,我们的目标仅仅是通过忠实于福柯的实际文本而"推陈出新"。

在《规训与惩罚》中，福柯展现了一段刑法和刑罚的变迁史，以此探究西方社会为何从一种酷刑所带来的躯体惩罚转向了一种判处监禁的"温和"惩罚。他认为，我们之所以停止对人施以酷刑，并不是因为我们变得更开明、博爱，更尊重个体权益。相反，他宣称，"正义"的法典总是代表并实质性地施行了社会权力。"早期现代社会"与"现代社会"之间的区别并非后者更加文明开化；而只是说，18世纪晚期之前的惩罚包含着这样一种逻辑，它表达了在国王拥有绝对权力的社会中所存在的主导利益。惩罚在现代社会中以不同的方式实施，是因为现代社会是一个中产阶级社会，这个社会被中产阶级所掌控，而中产阶级所拥有的是同君主政体有所区别的议程设置。

因此，福柯之所以聚焦于惩罚的历史，是为了阐明权力从贵族向中产阶级的更广泛的社会转移与变迁。通过了解长久以来惩罚模式的改变，我们能够弄清，自18世纪晚期、19世纪初期以来，中产阶级是怎样通过一个双向进程而创造现代的主体性(subjectivity)形式,并以此而维持其权威。这个双向进程包括:使个体人成为一个没有威胁的、从属性的政治"主体"(subject);与此同时,又为其安置一种新的人格或身份。这种权力形式主要依靠生产知识———一种对关乎个体行为与品格的"真理"(truth)的定义———而发挥作用,其目的仅仅是通过对正常状态(normality),对重要机构(如学校、医院,以及监狱式的感化院),以及对专业人士(医生、教师、法官等)的监督判断加以社会定义,而实现对个体的规训。福柯所讲述的故事,是从极端公开的肉体惩罚,转向对我们的自我心理感受的私密的、无形的规训。这种转换充当了对公众(大众)的社会化形式以及可能出现的政治—经济思想观念加以操控的中产阶级策略。

通过挑战"自我"(self)是人类的自由空间与权利保障的观念,福柯试图消除关于政治—经济自由主义的备受珍视的观点,这一观点所强调的是个体的选择和自由;启蒙运动相信,知识即使没有积极反对社会不公,至少也可以是客观的,并可以同权力关系相分离;而所有的心理学观点都相信,我们拥有一个本真的内在人格,它是一个远离政治和市场的公共领域的"美学避难所"(aesthetic sanctuary)。

接下来,《规训与惩罚》借刑罚史来控诉启蒙运动和浪漫主义时期关于自我和社会的一系列观点。福柯并未将个人视为一种解放的工具,而是将其视为中产阶级利益预先为我们设置的陷阱。因此,福柯似乎提出了一种来自左翼阵营的批判性观点,即1960年代以来的文化政治是按照(伦理、种族、性、性别、环境等方面的)身份政治和自我表达的要求而组织起来的。福柯不仅批判了受社会制约、被社会分化和经济不公所侵蚀的自我欲望,同时,也对各种人文社会科学(它们往往以这些新的身份为关注点)作出了一系列的批判性探究。这种方法在文学研究中表现得尤为明显,福柯在《规训与惩罚》中特别提到,有一段时间,个体天才和英雄式读者的私人愉悦成为一个主导命题。例如,如果小说在帮助读者塑造其自我想象时,本身便成为传递不公正权力关系的媒介,那又会怎么样呢?

在《规训与惩罚》中,福柯所揭示的是:知识、权力和主体性是一个常常不为人觉察的规划。由于其进程往往显得琐细而不值得予以抵抗,所以,这一规划常常于我们不知不觉间发挥作用。在本书中,我们试图使读者在第一次同这本充满挑战且令人激动的著作相遇时便倾注心力。为了帮助你适应,我们将遵循《规训与惩罚》的章节结构,并时常引用福柯本人的话语,这样,当你再次读到这些话语时,它们将显得不那么陌生和难以理解。我们试图使自己的阐述广泛而全面,但没有一本指南可以做到面面俱到。福柯是一位如此复杂的思想家,而《规训与惩罚》的丰富性也只有通过多次的阅读才能够发现。从理论上说,本书将有助于为那些《规训与惩罚》的未来读者提供一个平台,通过阐明这部著作的总体架构及其段落含义,它将帮助你迈出第一步。带着这样的意识,在阅读(和使用)《规训与惩罚》以及福柯的其他论著时,你将感到更加舒适和自信。简言之,这本指南应当是一个起点,而不是一个终点。

福柯最初于 1975 年在伽里玛出版社(Éditions Gallimard)出版了《规训与惩罚：监狱的诞生》(*Surveiller et Punir：Naissance de la Prison*)一书。由阿兰·谢里丹(Alan Sheridan)译出的第一个，也是唯一的英译本，于 1977 年由艾伦·莱恩(Allen Lane)出版。虽然这个译本已经出现于不同的版本之中(英国的读者们会发现它的企鹅出版社[Penguin]的版本，而美国的读者们则发现它由维塔奇出版社[Vintage]出版)，但印版和页码却仍然是完全相同的。因此，任何英语读者都能够轻易找到我们插入的引文的页码。

在法文的初始版本和英文译本之间，存在着两个主要的形式区别。在前者之中，包含更多阐释性的图片，绝大多数都是不同监狱的形象。同时，谢里丹也将某些非描述性脚注中的引文转换成了嵌入文中、并置于括号内的引文。我们相信，谢里丹的改变能带来一种更流畅的阅读体验。在他的译者注解中，谢里丹评论了这部作品的标题，它从字面上看应当是《监视与惩罚》(*To Survey and*

Punish)。自福柯以后,我们也许会发现,"监视"(surveillance)变得更容易理解,其内涵也更加丰富,但在1970年代,谢里丹发现,这个词"有太多限制且太过专业化"。他声称,福柯本人建议采用英文标题,并将其视为最好的折中方案。最后,当福柯谈论抽象的个体时,他所使用的仅仅是男性代词。当代的读者们也许会认为,这只不过是福柯所处时代的一个惯例,也许会将其视为一种在辨识性别内涵方面的根深蒂固的无能为力。无论如何,我们在下文中通常会使用"他或她"这样的称谓。

谨以此书纪念萨丽·莱杰(Sally Ledger,1961—2009),梅尔文·夏皮罗(Melvin Shapiro,1927—2009),以及米茨·夏皮罗(Mitzi Shapiro,1933—2010)。

第 1 部分

酷　刑

　　在《规训与惩罚》中，第 1 部分的第 1 章概述了全书观点。在此，福柯勾勒了他的主要论题，并简要地对一些假想加以评价，正是这些假想推动他提出了解释历史证据的方法。在初次阅读时，这是全书中信息最密集，在某些时候也是最难以捉摸的章节之一。正因为如此，在通读《规训与惩罚》完毕后，重新阅读这一部分的内容将会大有裨益。如此一来，你便能意识到福柯所作出的推进，以及他在这本书的一开头便秉持的立场。

　　正如我们将看到的那样，福柯将监狱的历史划分为三个阶段，其中某些阶段与别的阶段彼此重叠，从而导致他在不同章节中重复了某些论点。然而，总的说来，这本书的前三部分都分别聚焦于一个特定的时代，而第 4 部分则是一个批判性的综述和总结。在第 1 部分的第 2 章中，福柯详细描述了这三个阶段中的第一阶段，我们或许可以将其称为"恐怖时代"（the Age of Terror）。

1

犯人的身体

《规训与惩罚》开始于对两个刑罚场景的比较:1757 年对谋刺法国国王路易十五(Louis XV)的罗伯特-弗朗索瓦·达米安(1715—1757)的公开处决,以及由新闻记者、后来的法国右翼联盟内政部长列昂·福歇(1803—1854)在 1838 年所制定的,用以约束犯人行为的日常时间表。

福柯以当时的报纸对达米安令人毛骨悚然的死亡记录为开端。当达米安在大庭广众之下被赤热的铁器打上烙印,被撕开肌肉,被马拖曳而扯断四肢之后,他最终被活生生地焚烧。相较于这种个体受难的恐怖的、极端化的群体狂欢,福歇对犯人的日常作息冷静的管制计划,似乎以一种更庄重而合乎理性的方式对罪犯加以操控,从而小心翼翼地避免了混乱的景象以及犯人因痛苦而发出的尖叫。

在他关于惩罚的历史变迁的研究中,福柯选择将"公开处决与一份作息时间表"(第 7 页)之间的对照视为两个至关重要的标识物。他承认,作为代表性证据,这两个时刻并不完全具有可比性,因为它们所处理的是不同类型的犯罪:一方面,是试图行刺国王的谋杀犯;而另一方面,则极有可能是一些小偷小摸或扰乱社会治安的行为。然而,谋刺国王者的事例,以及为那些因微小罪行而遭受监禁的无名之辈所设置的管理计划,巧妙地捕捉了福柯在《规训与惩罚》中自始至终强调的三个更宏大主题,它们所涉及的是主体性、知识与权力之间的关联。福柯认为,在分隔以上两个场景的80年间,"惩罚的整个经济体制得到了重新配置"(第7页)。在以上两个事件的间隔期,由于社会再也无法忍受那些马戏团似的公开景观,其中,"被折磨、肢解和切割的身体,被打上象征性烙印的面庞或手臂","无论罪犯是活着还是死亡,都被暴露于公众的视野中"(第8页),因此,一波监狱改革浪潮席卷了整个西方。虽然福柯所阐述的几乎都是来自法国的例证,但他认为,这些例证所代表的是从欧洲(包括俄罗斯)到北美的"西方"的普遍趋势。

18

虽然大多数刑事司法史称颂那些显然是愚昧而怪异的惩罚的消失,并且拥护包含陪审团制度和定期监禁的理性化的法律规范,将其视为一种人道主义的进步。福柯却提出,在我们急于因公开酷刑的消失而沾沾自喜之前,我们需要关注的是,在18世纪晚期和19世纪初期,是怎样的社会利益促成了在一个"阴森的惩罚盛会"中,作为"刑事惩罚的主要对象"(第8页)的身体的消失。这一历史性转变具有两个意味深长的特征。

首先,是"作为公共景观的惩罚的消失"(第8页),如不再将犯人安置于用于公开惩罚的平台的顶端,或不再强迫他们在非常显眼的、被铁链锁住的队伍中从事清扫大街或修缮马路等公益性劳动。启蒙时代的改革者愈发担心,公开处决将有可能鼓动被震惊的公众从事暴力活动以对抗权威,而旧的惩罚形式对于残酷场景的公开呈现,将会使正义本身显得就像是粗暴野蛮的蓄意犯罪。最终,改革者们用一种"人道主义"的语言来倡导一种不那么具有攻击性和危险性的对待犯人的方式。

由此出发,在惩罚中的第二个主要改变是痛苦的消失。现代的"惩罚—身体关系"(punishment-body relation)(第 11 页)试图造成更小的身体伤害,并试图通过限制自由活动和个人对时间的自由使用,来剥夺人们的"被视为权利与财产的自由"。犯人身体的"外部"所受到的控制变得越来越少,这是因为在监禁中,身体所受到的是更不可见的、更为平和的操控。在现代西方社会,即使人们遭到处决,"示众场面的消失和痛苦的消除"(第 11 页)依然是需要考虑的问题。死刑往往只是在小规模的、受邀的观众面前展开,而在犯人被处死前,常常要么给他们注射镇静剂,要么通过各种努力以使死亡变得迅速且"温和"。

按照福柯的见解,惩罚形式由 18 世纪中期的景观性的、公开的惩罚,向 19 世纪初期和中期的更小心谨慎的监禁的改变,所带来的是一些社会性与策略性的后果。在监禁中,惩罚变得更具"私密性"和隔离性,并且避开了公众的目光。与此同时,由于审讯常常向所有人开放,并通过公开记录而呈现(鉴于它们过去是秘而不宣的),协商性司法的开展,以及对罪行的审判,变得越发清晰可见,而审讯之后的惩罚的执行则变得越来越不可见,这尤其是因为我们当中几乎没有人能够迈入监狱。无论如何,倘若没有国家官员或看守的某种程度的许可,监狱是无法被轻易造访的。

这种惩罚的私密化所产生的效果,是惩罚的行为对我们而言变得更加抽象。从朝向"或多或少的日常感官"所开放的公开展示行为的"可见的强度"(第 9 页)——犹如达米安的死亡,到惩罚的施行隐匿于我们所不可见的空间之中。这样的转变意味着我们必

19

须越来越多地对惩罚的发生加以想象,而不是加以观看,如此一来,惩罚的行为也将内化于我们的思想意识之中。一旦惩罚不再是一个存在于公共空间中,可以被时常见证并随时都可能发生的
20　身体性事件,而是成了一个我们必须以直觉来加以想象的、基于时间的过程,惩罚便开始将自身的效果植入了我们的所有想象之中。惩罚的场所发生了改变,它不再只局限于将可怜的躯体撕成碎片或加以损毁的公开的断头台。这样,如今的惩罚便可以在我们的集体意识层面,而不是在单个的人体之上展开。

　　随着惩罚的可见性与"肉体性"(corporal)变得越来越低,司法权威便更容易将惩罚的责任转移,使之远离自身。当某些类似于达米安的人被处决时,由于处于中心的刽子手在众目睽睽之下把司法的实际损害施加于犯人身上,司法将"因为与其实践相关联的暴力而承担公共责任"(第9页)。在对于被惩罚的罪行的重演中,断头台的"恐怖"将刽子手和罪犯联系到了一起,但这一次情况发生了倒转,因为暴力是施行于罪犯,而不是由罪犯所施行。如果人们感到惩罚是不公平的,他们很容易就可以知道谁应当被指责与攻击。在现代的刑罚改革中,当权者越发不愿意被视为重演暴力犯罪的根源;他们变得"羞于"杀戮或造成伤害(第9页)。当权者现在声称,他们没有"欲望去惩罚"和摧毁罪犯;反之,他们宣称,惩罚被用于"矫正、感化、'治愈'"以及改造被告人(第10页)。他们要求对犯人加以改造,而并非施以报复。

　　随着惩罚变得"温和",恢复或治愈的责任开始弥散于各式各样的官僚机构之中。法官不再是唯一作出判决的人;反之,他们被"辅助道德矫正的公务员"(第10页)保护性地环绕起来。这就好
21　比心理学家和社会工作者,他们簇拥在法官的长凳周围,就刑罚的严厉程度提出建议。这种集聚一堂的状况减轻了任何独立个体在

惩罚某人时所必须承受的重负或苛责：

> 由于有了这种新的限制，刽子手这种痛苦的直接制造者被一个技术人员大军所取代：他们包括监狱看守、医生、牧师、精神病专家、心理学家、教育学家等。他们接近犯人，高唱法律所需要的赞歌。他们反复断言，肉体和痛苦不是法律惩罚行动的最终目标。
>
> （第 11 页）

这种司法的去中心化（decentralization）效果，由一个官僚网络所创造，在这个网络之中，对他人拥有支配权的人物能够抹除或否认他们施行惩罚的责任。如此一来，断头机（guillotine）便充当了一个转变的标志，它之所以在最初被视为绞刑的卓越替代物，是因为这台机器消除了对任何具体的人的需要。这些人被目睹与犯人发生了身体接触，因而也由于犯人的死而遭致谴责（第 13 页）。对于罪犯的身体和刽子手的责任所产生的影响在此"被简化为一个瞬间"（第 13 页）。惩罚在去中心化过程中的内在化和撇清责任，以及惩罚技术的改变，是现代性区别于前现代或早期现代社会的一个标志性特征，同时也是福柯在这本书中的第一个主要论题。

《规训与惩罚》的第二个主要论题，涉及启蒙人道主义、社会科学与政治控制之间的关系，即知识与权力之间的关联。福柯之所以选择发生于 1757 年和 19 世纪中叶的这两个场景来开始《规训与惩罚》，是因为这两个场景代表了他所认为的大致发生于"1760—1840 年的大转型"（第 15 页）期间的历史变迁。虽然福柯并没有明确地为这种措辞和历史分期提供一条引文，但他不动声色地参考了《大转型》（*The Great Transformation*，1944），匈牙利经济历史学家、

22

社会学家卡尔·波兰尼(1886—1964)关于资本主义市场的兴起的一项研究。在这部作品中,波兰尼批判了由亚当·斯密的论著所代表的古典政治经济学理念。亚当·斯密认为,一种"自由的"市场经济可以在独立的、不存在任何国家操控和政府监督的情况下得到最好的发展。与之相反,波兰尼认为,资本主义市场经济只有在现代民族国家的保护与培育之下才能够产生。在他的整个学术生涯中,波兰尼同样拒斥这样一种观念,即经济是由对供求关系予以回应的理性的个体所决定的。相反,他坚称,经济总是由社会性的考量所塑造,并且由集体性的制度力量所组织。

福柯认为,波兰尼的论述是众所周知的,因而也很容易被他的读者所识别。借用波兰尼的说法,他不动声色地表明,达米安与福歇的例证并不像它们初看起来那样是随意挑选出来的。首先,这两个事件充当了不同历史阶段中社会组织的标识物,达米安处于专制主义国家时期,在这一时期,世袭君王对权力加以垄断。路易-拿破仑时期的记者和内政部长福歇,则处于法国这一重要资本主义国家的发展巅峰,这个国家除了被立宪制君主掌管外,还被一个官僚行政部门和议会制政党支配。

福柯用作开场白的两则逸事,一则来自法国革命前夕的"旧制度"(Ancien Régime)王国,另一则来自大革命和拿破仑统治之后的、由中产阶级利益所支配的民族国家。借用这两则逸事,福柯所暗示的是,他将把自己的惩罚史作为一种评价方式,用以评判法国(以及西方)社会从后封建的早期现代阶段向现代形态的转换。福柯或许没有指名道姓地提及波兰尼,但依靠如此明显地援引波兰尼著作的标题,福柯所暗示的是,他同样有兴趣通过拒斥自由市场的政治学以及一种过分聚焦于狭义经济学解释的(斯大林主义/法国共产党)马克思主义观点,而对资本主义经济的制度性支持和补充加以审视。

选择对肉体惩罚的消失和监禁的兴起加以研究,为福柯的波兰尼式的理论介入提供了一个初始性标志。公开处决与痛苦场景的消失,充当了启蒙民主兴起过程中的一个最著名例证。通过由法典和契约所传递的理性精神,这种启蒙主义取代了贵族与君主的独裁主义以及由专制力量所强加的统治。福柯想要表达的是,在中产阶级社会冉冉上升的语境中,从肉体惩罚向温和惩罚的转变所伴随的是社会科学与人文科学的兴起,这些知识形式通常被认为是与市场分离或互不相关的。如果说,波兰尼认为,人们无法在孤立于政府决策的情况下对市场加以思考,那么,福柯同样分析了在新的"人道的"实践与新的政治主体性模式的形成之间所存在的必然关联。

至此,我们还应当注意到,当福柯对其更宏观的历史性论断——"肉体惩罚的盛大景观"的消失,"对肉体的酷刑停止使用;惩罚不再有戏剧性的痛苦表现"(第 14 页)——作出潜在回应时,他只是谨慎地对此加以承认。他并没有认为,在某个想象性的时刻,西方世界便幡然醒悟,并永远地停止了绞死罪犯或制造肉体痛苦。他承认,不同历史时期的转变,既是一个不平衡的过程,同时也是一个存在着相互重叠的实践行为的过程。例如,某些公开惩罚的古老仪式被移植到了更新的实践之中。而旧的刑罚形式有时也会在不同的时间和地点再次出现,它们的出现是取决于特定语境的。正如刑罚在别处变得更加宽容,英国"在 1780—1820 年的大骚乱时期不愿削弱其刑法的严酷性",而处决的数量也相应地得到了提升(第 14 页)。与之相似,"在欧洲的反革命时期,以及1820—1848 年的社会大恐慌时期",监狱改革出现了倒退。上述这些时期所暗示的是,当公众出现骚乱时,当权者会毫不犹豫地回归更具强制性和肉体损耗性的惩罚形式。正如福柯所承认的那样，通往现代性的道路常常是无规律可循的，他同样也承认，即使是在今天，在现代监禁中，依然存在着一种肉体层面的痛苦，一种"'酷刑'的痕迹"，几乎无法想象一种纯粹的"非肉体的惩罚"（第16页）。即使是在"人道主义"的氛围中，暴力也从未完全缺席。

25

然而，福柯坚称，尽管存在着诸如此类的历史残留物，或是向旧的惩罚形式与机制的偶然回归，历史发展的总体轨迹，依然是转向一种不那么惊心动魄且较少由痛苦驱动的惩罚。倘若存在着如前文中英国那样的历史阶段，福柯将结合劳动阶层反抗新兴现代民族国家与市场经济的政治抵抗和反叛运动，来对其加以含蓄的解释。这种资产阶级斗争和社会变迁之间的关联，是福柯在《规训与惩罚》中的第三个主要论题，同时也是总结性的论题。

在概述了研究主题之后，福柯提出，他在《规训与惩罚》中的目标是论述"关于现代灵魂与一种新的审判权力之间相互关系的历史"（第23页）。换言之，福柯并未假定我们始终拥有一种关于"内在自我"（interior self）和灵魂的感觉，他所要论证的是，这种关于个人身份的感觉是受社会制约，并且被历史性地加以建构的。除此之外，这种对个体人格的感受将通过新的评估行为而产生。因此，当我们或许认为自我是纯粹"自然的"、"本真的"，并且未被社会所影响时，福柯则宣称，自我是现代审查制度的产物。福柯试图借助这本书来探究这些社会影响的来源。

最近两百年中的重要转向并非刑罚的严酷性在表面上的降低，亦非不断增强的尊重犯人人权的意愿，而是惩罚的客体（objective），即惩罚的对象或运作目标发生了改变。惩罚不再试图操控外在的躯体，而是想要深入犯人的内部，考察并作用于犯人的心灵、精神、意愿和偏好：简言之，犯人的灵魂（soul）。在这样的转

变中,我们从一种悲剧性的、以犯人的致命损毁为终结的"惩罚的
景观、肉体和鲜血"(第16页),转向了一种通过新的"惩罚的司法
机制"来改进"无形现实"(第17页)的愿望。在这场转变中,某些
罪行(如亵渎神明或走私)的严重性开始降低,但这些改变并没有
消除"准许与禁止"之间所存在的分界线。法律现在对非法的宣
判,只不过转向了犯罪的来源与不同种类,也就是说,转向了一个
包含更多心理反常的新领域,即"情欲、本能、变态、疾病、失控、环
境或遗传的后果……侵犯性格……性心理变态……冲动和欲望"
(第17页)等可以间接减轻罪行的因素。法律不再追问被告"你曾
经做了什么";反之,法律如今所追问的是:"你到底是谁?"

　　这种转变的后果是,惩罚越来越多地希望获取并创造关于罪
犯的知识(knowledge)。因此,惩罚目标的改变所带来的,是一个
新的信息采集对象。如前所述,在福柯关注从早期现代的一个较
晚近阶段(大约到18世纪中叶)到一个更为现代的阶段(出现于18
世纪末期到19世纪中期)的更大规模的历史变迁时,知识与权力
之间的关系是《规训与惩罚》中的一个主要论题。在更早的时期,
犯罪的行为是惩罚的对象。在过去,法官不会询问某人为什么会
犯罪;他们所关注的,主要是确定一种犯罪行为,以及如何对这种
行为加以惩罚。在现代,人的"意愿(will)",他或她的意图、动机以
及由犯罪所带来的影响,成为主要的关注对象。惩罚从作为犯罪
的报复性补偿到作为一种防止或消除"犯罪倾向"的方式的转变,
从聚焦于行为到聚焦于个性与欲望的转变,涉及医学与法学之间
的融合,这种融合将创造一个"科学知识"(scientific knowledge)的
新的范围或领域,如刑事人类学、越轨的社会学以及变态心理学。

　　在这个过程中,法官们开始做"某些判决之外的事情"(第19
页)。在早期的体系中,司法试图确定的是,一桩罪行是否犯下,犯

罪者是谁,以及应如何惩罚这一罪行。在现代,司法所审查的是犯罪的"因果进程"或背景(罪犯是疯子吗?是否有遭受剥夺的经历?等等),并将其作为使罪犯得以康复和改变其未来发展的手段。从确定犯罪行为到评估罪犯心理的转变,意味着一系列新的问题和操作方式成为法律所讨论的内容。现代刑事制度需要一种手段来确定不存在的犯罪倾向。现代司法体系需要创造一系列"评估、诊断、预测和矫正性裁决"的方法,从而有助于确定何为标准的生活方式,基于这样的生活方式,犯罪能够被加以区分。除此之外,司法体系还试图制造表面上中立、客观的(定量的)标准,以此来评估对犯人的消极、危险品质的改造。

在探求规范化裁决(normative judgments[它能够以符合标准模式或规范的方式来对罪犯的行为加以诊断和预判])的过程中,一种新的、与众不同的现代"科学—司法复合体"(scientifico-juridical complex,第 19 页)应运而生。借助这一复合体,福柯意在说明的是关于犯罪行为的新的科学知识与法律判决相交汇的途径。这个转向的一个例证,涉及疯狂与犯罪之间的关系。在过去,人们的主要关注点只是一桩罪行是否被犯下,而有关犯人精神失常的问题则是无关紧要的。然而,一种围绕被告的内在精神而加以组织的新犯罪学必须严肃对待精神错乱问题,因为这种精神错乱的存在将影响到矫正性惩罚的类型。根据精神错乱是否被视为可以治愈,需要有两种不同的刑事机构:一种针对的是"犯罪性的疯狂"(criminally insane),另一种针对的是那些能够通过允许假释的方式而改造人格的犯人。

福柯指出,现代法庭所做的不仅仅是判定罪行;法官作出了一种"对是否正常的评定和对正常化前景的技术性预测"(第 21 页)。也就是说,法庭现在所评估的是,怎样最好地对罪犯加以改造,以使其符合标准化的社会行为方式。在扮演这个对动机和人格加以裁决的新角色时，法官不再傲慢地独自一人坐在长凳上，因为"整个刑事诉讼程序和知性判决过程充斥着一系列辅助性的权威"，如"精神病或心理分析专家……教育工作者，监狱服务人员"（第21页）。一个"完整的机制"（第21页）得以产生，它分散或打碎了初始性判决的权威。这种新的"刑罚体系"（第22页）不仅扩展了法官所考量的范围，同时也增加了参与决定审判的人数，以及他们在确立刑事判决时所能对被告发表的评论。作为唯一责任人的法官的权威，被一大群从旁协助并给予法官建议的"超司法的因素与人员"（第22页）所替代，因而，这意味着一个"新的事实真理体系以及一大批此前不为人知的角色"（第23页）进入刑事司法。这些新角色带来了对被告加以分析的新方式，他们引入了主要涉及精神或心理的新"真理"或"知识"。

按照他的说法，福柯是在写作一部"谱系学"（genealogy），它并非如传统观念史方法那样去展示概念的承续关系，而是要展示观念是如何通过具体的历史事件和社会影响而发展起来的（在发生学的意义上，是被创造的）。他的谱系学的研究目标，在于"当下的科学—法律综合体，在这种综合体中，惩罚权力获得了自身的基础、证明和规则"（第23页）。通过对"当下"（present）一词的使用，福柯再次强调，他的终极目标是揭示当代社会形态是怎样被历史性地建构起来，并暗示，这样的社会形态因而也是能够加以改变的。如果说，惩罚在今天看来较之18世纪初要更温和且更少残忍，这仅仅是因为，现代社会是通过对我们内在人格的制度性裁决，而不是通过首先对我们的身体强加痛苦，来对社会控制加以组织的。

初看起来，福柯关于我们的自我意识是一个被管制领域的论断是令人焦虑不安的，因为我们通常倾向于认为，存在着一条公共/

私人之间的分界线：居于外部的是社会，它是虚假而充满限制的，但还有一个内部空间，在这个空间中，存在着我们的真实自我，即"真我"(real me)，这是一个更为本真、更加生机勃勃而又未受玷污的空间。福柯不仅拒绝作这样的区分，同时也提出，这种自我观念与围绕犯罪行为而发现其最明晰表达方式的"新的审判权力"关系密切。因此，在更宽泛的意义上，尽管监狱史看上去或许是某种枯燥的、微不足道的论题，而不太可能引起除专家学者或公务员之外的人们的兴趣，福柯却将这一论题作为工具，来探究关于现代自我的更宏大构想，以及这样一种观念的形成：我们具有一个内在的人格，它是初始性的，并且能够被加以完善，存在着一个我们能"发现"自己的内在领域。福柯不同意上述观念：他将自我的发明视为一个陷阱，一个充斥着权力关系的领域，尤其认为充溢于其中的是一整套"已经形成，并且与惩罚权力的实践愈益纠缠在一起"的"知识、技术和'科学'话语"(第23页)，而不是个人的解放。

在这个意义上，福柯是一位"后人文主义者"(posthumanist)，他批判了处于社会人文主义之核心的、对于个性(individuality)的定义。这样说并不意味着福柯缺乏对人的伦理关怀。他很清楚这一点，但同时也希望促使其读者认识到，"我们自己"这一看似具有解放性的概念，是怎样被权力关系所充斥的，这些权力关系从根本上阻碍了人类的集体解放。他希望我们能超越"人类"(the human)的观念，并以此而实现真正的社会解放。同样，福柯也是"后启蒙"(post-Enlightenment)的。在他看来，启蒙运动所宣扬的、对于知识的客观公正的探究包含邪恶的一面，对"真理"的追求总是伴随着社会控制的欲望，并常常会造成将其他观点拒之门外的后果。

　　然而,对知识生产的后果报以怀疑,并不意味着相信怎么都行(anything goes)或者"说什么都无伤大雅"。最终,通过对他将应用于"现代灵魂遭受审判的历史"(第23页)的研究方法的反思,以及对自己的方法是怎样不同于前人的思考,福柯结束了这一小部分的内容。他试图指出,埃米尔·涂尔干(1858—1917)那样的古典社会学家用结果替代了原因。在他的论文《惩罚进化的两种法则》(Two Laws on Penal Evolution)中,涂尔干发表了某些在表述上类似于福柯的见解。他提出,存在着两条将数字与经验、定量与定性相结合的"法则"。涂尔干的第一条"法则"是,惩罚在不那么发达的社会中更加暴力而"激烈",它倾向于将权力集中于专制主义和神权政府手中。第二条"法则"是,更发达的社会愈发将对于时间自由的限制(监禁)作为其主要惩罚方式。涂尔干对于惩罚形式从前现代到现代的转变的全部解释,在于个体化(individualization)趋势的兴起。

　　按照涂尔干的观点,早期社会在本质上是更为集体主义的,因而犯罪意味着对整个社会结构的触犯。由此出发,类似于判处监禁这样的限制性惩罚,并没有得到频繁的使用。几乎不必担心个体会逃脱法律的制裁,因为任何惩罚都会很轻易地转移到这个人的亲属关系或宗族群体,它们为所有成员的一举一动承担责任。随着不再与社会共同体紧密关联的现代个体的出现,基于群体的打击与威慑不再像过去那样有效。如此一来,一种新的惩罚的制度化形式便必须被确立,它所打击的,是每一位"个体"(individual)显然最害怕的东西——对于个人的行动自由的剥夺——同时,它又不必那么暴力,既然在"发达"社会中,存在着一种更强烈的交互感应,故而,当我们目睹其他人的身体遭受损毁时,我们将唯恐避之而不及。由于"现代"个体更容易遭受惊吓,刑事审判便不需要

31

32

在酷刑的暴力与肉体的痛苦上耗费过多精力,因为只需要一点点身体控制便可以达到目标。

正如我们将看到的那样,在惩罚形式的改变上,福柯有一个非常类似于涂尔干的主张。他认为,在专制主义国家向一个现代公民(中产阶级)社会转变的过程中,惩罚形式的改变与不同的制度化权力政体紧密关联。但至关重要的是,福柯认为,涂尔干犯了一个错误,他没有认识到改变社会形态的起始性因素。涂尔干认为,个体身份的兴起促成了刑法的改变。相较之下,福柯则认为,个体性是"新的权力策略的一个后果,这些策略也包括新的惩罚机制"(第23页)。涂尔干相信,是现代个体带来了改变;福柯则主张,我们对个体能动性(agency)或自主性(autonomy)的感觉是一种形式,现代权力机制通过这种形式而得以运作。个体或灵魂被束缚在权力之中,而不是打开权力之门的一把钥匙。因此,可以说,福柯甚至比社会学的奠基人具有更强的社会指向性。

在把自己的观点同传统社会学加以区别之后,福柯又列出了研究方法上的"四条基本原则"(four general rules),这些原则将使他的研究同其他研究领域(如政治学)彼此区分。这些非常简短的段落在内涵上却是如此丰富,以至于福柯在下一部重要作品(常常被认为是其最具影响力的著作之一)《性史(卷一)》(The History of Sexuality:Volume I,1976年出版,英译本于1978年出版)中,将花费大量篇幅来对第23-24页的这四个段落加以展开。这些方法论原则包括:

33　**1.不要把惩罚设想为某种仅仅是实施镇压或是说"不"的东西。**

将惩罚理解为一种通过社会而制造效果(如关于犯罪的观念)的复杂的社会功能,即使这些效果的产生初看起来是无关紧要或不甚相干的。福柯常常处理的是那些看上去边缘而微不足道的现象或事件,但他将会用这些现象或事件来阐明一种更宏观的、"复杂的社会功能"(第23页)。在第2部分的最后一段(第194页),以及第4部分的第2章"非法活动与过失犯罪"中,福柯将回过头来对有关不要将惩罚解读为压抑性社会因素的观点加以分析。

2.将惩罚视为一种政治策略,一种行使权力的方式。

不要将惩罚理解为仅仅是客观法律的中性后果;正义从来就不是一个"纯洁无暇"的观念。福柯坚称,惩罚总是与政治斗争紧密关联,同时也是一种对权力加以运用的手段。他驳斥了将惩罚仅仅视为公正无私之法律的冷漠后果的观点。福柯将惩罚视为一种对权力加以运作的机制。

3.刑法的历史和人文社会科学的历史是相互关联的。

福柯并没有将人文社会科学视为仅仅对刑法展开分析或加以限定的领域,他认为,人文社会科学的发展,以及它们是怎样作出关于何为真实的陈述,与刑法的改变紧密关联。这样的观点同上一个论点相似,因为福柯抹去了人文社会科学同权力之间的区分。34福柯视"权力技术学(为)刑罚体系人道化和对人的认识这两者的共同原则"(第23页)。知识和权力是错综复杂地纠缠在一起的。无论是社会科学还是人文科学,都无法脱离与社会控制的共谋关系。

福柯拒绝这样一种观点,即科学理性与人道主义启蒙能够置身于权力之外,并发挥使社会不受权力玷污的"清洁剂"作用。与此不同,他将人文社会科学视为现代权力关系的新发展中的某些部分与症候。在现代,对于真理的宣告,以及对于"知识"的生产,本身便会成为一种施行权力的方式,而不是一种对权力的逃离。当福柯使用"认识—司法结构"(epistemologico-juridical formation)这一短语时,他所暗示的是,确定真理或知识的方式(认识论)和惩罚都属于同样的结构。同样的"权力的技术学"(technology of power)既强调了"刑法体系的人道化",也强调了"对于人的认识"(第23页)。

这种对真理的怀疑主义的历史可追溯至18世纪,但它在此更直接地来源于弗里德里希·尼采的《道德的谱系》(*On the Genealogy of Morals*,1887),这本书所探讨的是真理、自我和刑罚之间的内在关联。尼采(1844—1900)提出,我们关于善恶的道德观念只不过是强和弱的隐喻。强者将自身描述为道德上纯洁无暇的一方,并将他们所支配的那些人谴责为道德上败坏的,以此对弱小者的牺牲加以合法化。尼采同样主张,这些区分只有在首先通过痛苦从我们身体的外部得以显现,接下来再通过恐惧从我们内心的想象中得以显现的情况下,才能持续地发挥作用。如果说,尼采通过古典文献学与思辨哲学的结合而提出了上述论点,那么,福柯将使用更晚近、更适合为史料所证明的案例,来表达类似的主张。由此出发,他阐述了自己的第四条原则。

4.身体是一处权力的疆域;它被权力关系所干预。

福柯认为,随着"灵魂进入刑事司法舞台"以及"科学"知识嵌入司法体系之中,身体"被权力关系所干预"(第24页)。福柯并没有认为,当惩罚历史性地放弃尝试在身体表面制造肉体痛苦时,身体变得不再重要,而是坚称,身体在现代依然至关重要,但它所扮演的是不同于以往的角色。在现代,在惩罚的方式上出现了一种变形,随之而来的,在身体使用上的"改变"是,身体将被一种"特殊的征服模式"(第24页)所干预。"征服"(subjection)所暗示的是一种创造政治与社会主体(处于各种政府章程和立法规范之下的人)的新方式,这些主体同样也"被征服"(subjected),也就是说,被更强大的社会权威的利益所支配。通常说来,"意识形态"

（ideology）一词被用来描述被统治者对于统治者的认同。福柯不喜欢这个词，其原因不仅仅在于这个词暗示了一种他在第一条原则中加以拒斥的压抑性的控制模式，同时也在于这个词似乎忽视了身体在社会关系中所扮演的关键角色。福柯坚称，我们唯有通过考察具身性（embodiment）的建构，即考察主体性同身体与精神相关联的方式，才能对社会权力的图景加以探究。

36

当福柯在一个未编号的、分隔开来的部分中继续他的论述之前，他在一条罕见的、因而也非常重要的描述性脚注中指出，他认为《规训与惩罚》所跟从的是一批分享了类似观点的作者和论著。他列举了哲学家吉尔·德勒兹和精神分析学家费利克斯·加塔利（他们是《反俄狄浦斯》[*Anti-Oedipus*, 1972]一书的合著者，福柯为这部著作写过一篇序言，并将其称颂为一部"非法西斯生活"（nonfascist life）的导论）；社会学家罗伯特·卡斯特尔依然未被翻译的《精神分析：精神分析中的秩序和力量》（*Le Psychoanalysme：L'Ordre Psychanalytique et le Pouvoir* [*Psychoanalysis：The Psychoanalytic Order and Power*], 1973），这本书批判了精神病学专业（卡斯特尔后期的著作同样与福柯非常接近，它所考察的是社会排斥，以及作为一种身份认同的雇佣劳动力的建构）；以及历史学家皮埃尔·诺拉，此人与法国的"新历史"（new history）运动关系密切，并因其有关通过修建公共纪念碑和组织庆典来建构法国民族记忆的论著享有盛名。福柯更直接地受惠于诺拉，因为后者是"历史图书馆"（Bibliothèque des Histoires）系列丛书的主编，《规训与惩罚》正是在这个系列中出版。这个系列丛书的宗旨，被写入了最初的法文版之中，但在英译本中却被删除，它所表明的是投身于这种福柯所明确认同的新的历史研究之中的意愿：

直到非常晚近的时期,历史学都专注于叙述那些使当代人感到震撼的意义重大的事件,或是专注于伟人的记忆与民族国家的政治命运,但现在,历史学的方法、构造和对象都发生了变化……所有的人类,他们或快或慢地发生改变的身体、饮食、语言、表象、技术与精神工具,所有这一切,曾经被忽视或置若罔闻,现在则成为历史学家的不可或缺的研究对象。

福柯所提及的这些作者和论著,基本与《规训与惩罚》出现于同一时期,它们表明了 1970 年代初期的法国对关乎社会文化前景的问题的关注,这些问题将观念史同关于权威与从属的社会学考量相融合。

如果说,福柯把自己同涂尔干所代表的古典社会学加以区别(并且将自身同一种新近发生的转变相结合),那么,在分隔开的下一部分中,他用更长的篇幅讨论了自己的研究同其他左派历史学和社会学的关系。首先是《惩罚与社会结构》(*Punishment and Social Structure*,1939),这是一部对惩罚加以马克思主义分析的作品。这本书的第 1 部分主要以乔治·鲁舍(1900—1941?)的一部短篇论著为基础,这部论著最初写于德国,并于 1933 年由法兰克福社会研究所(Frankfurt Institute of Social Research)出版。此时,一些类似于西奥多·阿多诺这样的法兰克福学派成员为躲避纳粹而迁入美国,他们将鲁舍的手稿带给了奥托·基希海默尔(1905—1965),后者翻译了鲁舍的著作,并对其作出增补。很明显,在这一过程中,由于鲁舍依然留在德国,因此基希海默尔几乎没有机会咨询其意见。

福柯列举了鲁舍和基希海默尔的研究中他所认同的内容,从而展开了自己的论述:我们需要抛弃这样一种观念,即刑罚"主要

是(即使并非绝对是)一种减少犯罪的手段"(第24页),以及一个 38
试图使罪犯由于危害社会而感到愧疚或获得挽救的过程。与之不
同,我们应当分析的是具有更深层次根源的、"作为社会现象
的……具体的惩罚制度",而不仅仅是对司法的道德立场和基本结
构加以反思(第24页)。鲁舍和基希海默尔认为,我们不应当将惩
罚理解为某种仅仅试图对犯罪加以防范、排斥与消除的消极的东
西:对犯罪的界定与呈现可以制造"一系列积极而有益的效果"(第
24页)。

在鲁舍和基希海默尔看来,对犯罪的惩罚总是为当前占主导
地位的生产模式提供支持。作为马克思的学生,他们坚信,社会主
要通过劳动过程的区分方式而得以定义,这种区分方式造成了不
平等和社会紧张。因此,鲁舍和基希海默尔坚称,在生产的不同历
史—社会阶段(及其相应的劳动力成本)和刑事惩罚的特征之间,
存在着一种图表式的、几乎是一一对应的关系。在古典时代(如在
罗马)的经济体中,国家急切地需要劳动者在大农场中劳作以提供
食物。在帝国战争(战俘被送往意大利,并被迫田间劳动)停息时,
法律系统将惩罚性的奴役转化为主要的惩罚形式。在封建时代,
资本主义依然处于初始阶段,价值交换形式(金钱)的缺乏,意味着
最容易保有的财产是农奴的劳动力,它在法律上应归属于土地主,
但无法通过对奴隶的完整所有权而获得(在疾病流行时期,后者的
代价变得愈发高昂,其风险也越来越大,因为流行疾病可以在奴隶
尚未用劳动偿付其购买物之前便置之于死地)。在资本主义商品
经济的最初阶段,劳动开始成为一种用以交换工资的商品化产物
(劳动力)。在此时,监狱开始让犯人在监狱工厂中工作,以此检验
一种完备的资本主义经济能够以怎样的方式对劳动者加以利用。 39
在更发达的后期资本主义阶段,现代监狱中的劳动更少涉及对劳

动者价值的剥夺,而更多关涉"矫正"反叛性的工人阶级,削弱劳动阶层对资产阶级统治的抵抗。

福柯并未立即否认这样一种古典马克思主义方法。他说,"我们可以有把握地接受这个基本观点",即惩罚应当被视为现代(资本主义)政治经济的一部分,因为身体的价值生产(它的"实用性"[utility]),以及对确保一种被动劳动力的"驯顺性"(docility)的需求,是惩罚的主要特征(第25页)。正如我们将在随后看到的那样,福柯对"规训"的界定取决于以下两种需要的融合,即一方面使身体变得更有用,另一方面又使其变得更驯顺。因此,如果说福柯对鲁舍和基希海默尔的大部分观点表示认同的话,那么,什么又是他真正不认同的?

福柯谈到,这些早期的左派社会学家并没有考虑到惩罚同道德改革,同罪犯(以及其他所有人)的"秘密的灵魂"(secret scoul)的建构之间的关系。他在这本书中的一个独特贡献,在于拒绝将身体和灵魂划分为两个不同的层面(这是福柯挑战启蒙传统的另一种方式)。然而,在一种更宽泛的意义上,福柯想要理解,为什么我们接受了对我们加以规训的力量。早期左派社会学家能够对主导社会力量以特定方式运用惩罚的纯经济原因加以说明,但他们并没有解释为什么无权无势的群体会将这些惩罚认同为一个所谓中性的"正义"体系,而不是将其视为一种明显的阶级策略并予以抵抗。

反过来,福柯可以说是探究了使我们甘愿被支配或惩罚的方式。但他希望规避一种关于意识形态压制的简单化的解释模式。他不喜欢这样的解释,因为它将权力的功能表述为仅仅是消极的。福柯对这种解释保持警惕,他将其视为人文主义与启蒙运动之修辞的一部分,在他看来,这样的修辞同样是与规训相结盟的。

为了对这一见解加以复杂化,福柯转向了另一个侧面。他谈到,某些历史学家在研究社会同人口(人口统计学)和疾病(病理学、欲望、病患)的变化之间的关系时,已经开始关注社会化身体的历史,同时表明,身体的所谓"自然"特征是政治和社会建构的产物,因而,诸如肺结核这类疾病的蔓延,便可以用"都市贫民窟不断增加"这样的社会理由来加以解释。在特别提到历史学家艾曼纽尔·勒华拉杜里(1929—)(第 25 页)的时候,福柯更广泛地指涉了一个在当时长期存在的、颇具影响力的历史写作学派。由于同杂志《经济和社会史年鉴》(*Annales d' histoire économique et sociale*,创办于1929 年)的合作,这一学派在法国被称为"年鉴学派"(Annales school)。年鉴派学者之所以负有盛名,是因为他们将传统历史学家所痴迷的外交的、军事的,以及政治的历史打入冷宫,转而对社会的、经济的和文化的历史青睐有加;在这层意义上,由于福柯的研究围绕曾经被边缘化的身份(罪犯、疯子等)而展开,因此,他便与年鉴派学者有了颇多相似之处。

但福柯不认同年鉴派学者之处,在于他们看上去如此迅速地放弃了政治学和马克思主义经济学。福柯坚称,身体"直接地卷入了某种政治领域"(第 26 页),而"这种对身体的政治干预……与对身体的经济使用紧密相联。身体基本上是作为一种生产力而受到权力和支配关系的干预"(第 26-27 页)。福柯认为,对劳动力的组织和利用(对无产阶级的剥夺)以及旨在获取资本主义利润的剩余价值创造"只有在它被某种征服体系所控制之时才是可能的"(第 26 页)。在一个他不断重复的论题中,福柯谈到,身体只有在具有生产性(成为被胁迫与剥削的劳动力)以及被征服(变得驯顺)的情况下,才会有所助益。

现在,我们可以觉察到,福柯认为自己建构了一个论题,这一论题既不是建基于人文主义,也并非仅仅植根于经济学。在关于鲁舍和基希海默尔以及较晚近的法国社会文化史的篇章中,福柯力图对第三条路径加以描绘,这条路径所考察的是资本主义社会中社会控制的基本程序,同时也将探究某些随着群体心理学观念,或随着年鉴学派的关键词"精神性"(mentality)的兴起而出现的,似乎是非物质层面的东西。在这一部分的最后几页中,福柯试图协调他和如下两种研究方法之间的差异,其中一种过分依赖于理性的选择以及作为历史驱动力的意向性(intentionality),另一种则显得缺乏人的参与。

福柯坚称,这种对权力的运用能够被预先规划,"被计算、被组建、被具体地设想出来",但它又不需要调动"武器"或"恐惧",即使它能够"保留一种物质性的秩序"(第26页)。这种涉及"身体的政治技术学"(political technology of the body)的温和的强制行为是很难被发现的,因为它"几乎没有形成连贯的、系统的话语;它往往由各种零星的片断所组成",并且聚合了一套形形色色的工具和方法(第26页)。因为这种权力形式来自不同的源头,所以它是一种"形式多样的操作",并且"无法固定在某种特殊的制度结构或国家机器中"(第26页)。福柯似乎是在把自己同法国马克思主义哲学家路易·阿尔都塞(1918—1990)加以比较,后者将诸如教育这样的社会制度定义为"意识形态的国家机器"(Ideological State Apparatuses)。对于福柯而言,这种社会制度并不是一种来自上层力量(如国家)的宏观权力,而是一种"权力的微观物理学"(micro-physics of power),它往往以不可见的、不引人注目的方式,在我们常常认为是限制自己的力量的缝隙中发挥作用。这种社会制度同样也是微观的,因为它并非看上去那样从"外部"发挥作用,而是在我们的"内部"并"通过"我们的身体而发挥作用。

出于上述理由,福柯就如何研究他所考察的权力的细微特征提供了一些基本思路。首先,权力并不是一种对某物或某人的"所有权"(property),而是一个"战略"(strategy),是一整套"计谋、策略、技术、运作",它们被挑选出来,并按照其功效而加以运用(第26页)。福柯虽尚未对这种战略的起源加以披露,但已经暗示,中产阶级可以选择或被迫选择另一种权力方式,因为社会利益之间的"关系的网络""始终处于紧张状态,处于活动之中,而不是一种特权",这种特权可以永远地持续下去(第26页)。正如鲁舍和基希海默尔所指出的那样,社会形态并不是以机械的、同质化的方式而得以生产。权力并不是一个物,而是一个社会过程;它在不断变化的形态中得以显现,因为社会关系处于持续的变动之中。

其次,权力不应被简单构想为一个有权者支配无权者的案例;它并不是一方对另一方的单向度的行为。权力也并非一种一次性的征服,一种一旦签署便永久生效的契约。相反,它是那些不断传播、扩张或抵抗权力的人们所占据的,如同棋局一般的"战略性位置"(strategic positions)(第26页)的变动不居的结果。福柯并没有设想,权力关系可以在阶级之间,或国家与公民之间加以简单区分;相反,权力以一种更复杂的方式发挥作用。权力的路径之所以常常被复杂化,是因为每一个群体都拥有自己的小团体,所有这些小团体又拥有其自身的独特性、亲缘关系和敌对关系。这种将权力视为一种复杂的关系(而不是简单的线性效果)的观念,与意大利马克思主义者安东尼奥·葛兰西(1891—1937)的"领导权"(hegemony)概念非常相似,这种领导权是对于任一社会组织的强制与认同的混合体。当福柯谈到"既没有相似性,也没有同源性,而只有机制和模态的特殊性"(第27页)的时候,他的言外之意是,我们不能将一组关系(如父子之间的关系)与另一组关系(如国家与其公民之间的关系)等量齐观。这些权力关系既不是类似的(相似的)也不是一致的(同源的)。每一种权力关系都有着自身独特的运作方式,这些方式取决于包含其中的特定紧张关系,甚至当两个群体在某些时候开始彼此模仿或采用另一方的策略时,这种仿效也可能令人倍感困惑,因为两者似乎都代表了同样的利益。因此,当福柯比较不同社会机构的运作方式时,他并没有试图制造一个有着固定结构的"统一的理论领域",在这一领域中,任何事物都能够以某种普遍化或总体化的方式与其他事物相比较。相反,他想要对更具流动性,同时对压力(尤其是来自下层的抵抗)更敏感的战略联合或利益同盟加以考察。

44

最后,福柯同样强调,这些"微观权力"(micro-powers)(第27页)就像是一只九头蛇妖。由于这些微观权力有着多重的交接点,因此,它们中的一部分可能遭受挫败,但又不会破坏权力的总体网络。这些微观权力并没有"遵循'要么全部,要么全不'(obey the law of all or nothing)的法则"(第27页)。反过来,存在于这个网络中任何位置的每一个"局部的插曲"都会对网络中的其他部分产生影响,因为一个局部性的改变,都可能成为导致链条断裂的薄弱环节。福柯并没有兴趣将社会理解为一个稳固的结晶体,相反,他将社会想象为具有更强的互动性,想象为一个网络而不是一个静态的结构。

带着这种审慎的意识,福柯重申了自己的见解,并鼓励他的读者们抛弃一套启蒙运动的最基本信条,即知识存在于权力关系缺席的状态下,真理可以将统治破坏并消除,我们能够"对权力说真话",并通过理性、理性化的宣言,以及开放的交流而战胜专制主义。福柯宣称,现代知识形式与现代权力形式相互纠缠,其中一方

为另一方的存在提供了条件,从而瓦解了上述启蒙主义的观念:
"不相应地建构一种知识领域就不可能有权力关系,不同时预设和
建构权力关系就不会有任何知识"(第27页)。福柯使用由连字符
连接的"权力—知识"(power-knowledge)来标明两者之间的错综
复杂的关联。福柯并未仅仅对有权者和无权者、自由者和非自由
者之间的关系加以思考,而是提出了一种不同的模式,这种模式涉
及专业权威("认识的主体"),依照特定的名称与范畴而被归类的
人们("认识的对象"),以及将以上两者连接起来的制度化的机构
("认识的模态")(第27-28页)。

45

这导致福柯抛弃了分析权力的惯常方式,如旧式的马克思主
义模式("暴力—意识形态的对立"),这种模式所预设的是,一个阶
级能够轻易地从身体和精神上对另一个阶级加以支配;自由主义
政治经济学将社会交换构想为一种基于商品交换的、在双方同意
的情况下发生的行为("所有权的隐喻,以及契约的模式");而科学
主义则认为,我们能在与权力关系无涉(即我们能够成为"无利害
的")的情况下对周遭的事物加以分析(第28页)。

与之相反,福柯主张的是一种"身体政治"(body politic)的"政
治解剖学"(political anatomy),它将精神与身体的特征结合在了一
起,"人类的身体"被"转换成认识的对象而遭到了支配与征服"
(第28页)。福柯在此援引了研究中世纪欧洲的学者恩斯特·坎
托罗维茨在《国王的两个身体》(*The King's Two Bodies*,1957)中提
出的论点。坎托罗维茨(1895—1963)宣称,在君主制社会中存在
着实际的国王,然而,在肉体的容器之外,或许还存在着另一个国
王,即国王的观念,它是"虚拟的",也是无法被损毁的,即使真实的
国王会走向灰飞烟灭的结局。想一想这样的口号吧:"国王死了!
国王万岁!"上述话语所阐明的是,即使国王死去了,我们依然生活

在君主政治的阴影之下;君主制度超越了单纯的个体。

福柯指出,现代性所拥有的,是一个不同的"两个身体"体系:我们自己的物质性身体与存在于我们心灵之中的"虚拟"的身体。按照流行的观点,在我们生物性的"性"(sex)和我们的"性别"(gender)——这种生理差异得以表现的文化方式——之间,存在着某种差异。我们有生物学上的性器官(即生殖器的差异),但同样有一种观点认为,我们有一种不只是存在于生殖器之中的"性态"(sexuality),文化规范和社会化进程决定了可接受的或符合规范的行为方式,而这些行为方式则取决于我们所携带的生物属性。

福柯谈到,在犯人的身上,存在着某些与这种象征的虚拟化相似的东西,这些罪犯从自己的身体中创造了一种"过剩的权力"(surplus power)(第29页),它不仅仅是传统马克思主义者眼中从无偿劳动力中榨取的剩余价值,同时也来源于惩罚的制度化机制。这种机制制造了一种自身的剩余,一种"非肉体"的方面亦即"灵魂"。然而,仅仅因为灵魂或精神是不可见的,"便认为灵魂是一种幻觉或一种意识形态效应,那就大错特错了"(第29页)。福柯再次将自己与旧式的马克思主义传统拉开了距离,并且对后者所使用的理论术语加以复杂化。这些理论术语包括"意识形态",以及一种与启蒙运动的"身体—心灵"分离相呼应的说法,这种说法声称,经济是唯一的"基础",它创造了一个可以在文化或社会"上层建筑"中得到映照或反映的稳固模式。福柯似乎对上述两者都进行了复杂化。虽然灵魂本身是一个被建构或发明的概念而"并非一个实体",但是,灵魂依然拥有一个物质实体,因为这一概念建基于那些它所"监视、训练与矫正"(第29页)的身体:疯人、儿童、被奴役者,以及劳动阶层(有意思的是,福柯在此并未将女性这一范畴纳入其中。虽然他有时会提到女性犯罪者,但他并未明确地承认,需要对性别上的差异作出更进一步的研究)。灵魂成了知识生产的对象和参照点,相应地,它也"扩大和强化了(这种)权力的效应"(第29页)。由这种关系出发,"人们建构了主体性、人格、意识……各种各样的概念"(第29页),它们通常植根于种种人文主义主张。然而,福柯却警告我们,不要将这一切视为自由的所在:"这个灵魂是一种权力解剖学的效应和工具;这个灵魂是肉体的监狱"(第30页)。

我们还应当意识到一个翻译中的问题。在英文中,我们只有这样一个词——"knowledge"(知识)。在法文中,则有两个词,即"savoir"和"connaissance",而它们所指涉的是不同类型的知识。savoir是这样一种知识,它是以实验为依据的、定量的、建立在法则或技术之上的,并常常从制度中应运而生,而connaissance则是主观的、定性的、情境化的,并以经验为依据。这种差异或许可以表现为说"我知道爱丁堡在苏格兰"(这句话是savoir;即我知道一个依据地图并借助政治地理学而得以界定的地点)与说"我非常了解爱丁堡"(这句话是connaissance;即我知道这座城市,是因为我生活在这里,并穿行其中)之间的区别。

在《规训与惩罚》中,福柯将始终对savoir加以细致研究;即那种被"制造"或"施行"(作为专业话语加以生产)的知识,而不是被个别地、非正式地了解的知识。在福柯讨论"权力—知识"时,你也许会希望得知,这是某种与马克思的"劳动—权力"(labour-power)相类似的说法。劳动是每个人都拥有并能够施行的,"劳动—权力"则仅仅出现在这样的时刻,即个体与其身体的工作能力相疏离,并将自身的劳动力作为商品在市场贩卖(常常是为了工资)。当福柯讨论知识与权力时,他似乎指向了一种特殊的真理关系模式,一种被社会性地建构起来的(并隐晦地对权力加以剥夺的)认识事物的体系——而这个体系,也正是福柯在暗地里希望加以挑

战的。我们希望，福柯的观点将伴随这本书的展开而变得愈发不

48　证自明。

　　通过阐明其研究所具有的现实意义，福柯对本章的内容作出了总结。他指出，自己已经认识到，惩罚与监狱"属于一种关于身体的政治技术学……与其说来自历史，不如说来自现实"（第30页）。在整个1970年代，发生于美国和欧洲的监狱暴动（其中最引人瞩目的是1971年阿提卡矫正所［Attica Correctional Facility，纽约州］的监狱暴乱），将犯人权利的问题推向了风口浪尖。福柯本人于1971—1972年参加了监狱信息小组（GIP），这个小组试图揭露法国监狱的内在运作方式，并促使法国囚犯的诉求可以为公众知晓；同时，该小组还反对使用高度安全监狱（Quartiers de Haute Sécurité）以及隔离犯人的技术手段。福柯承认，有许多暴动冲击了造成"肉体痛苦"的监狱的物质状况，但他同样将这些暴动视为对"整个支配身体的权力技术学"以及由"教育专家、心理学家和精神病专家"所提供的"'灵魂'的技术学"（第30页）的反抗。鉴于此，福柯认为，他所书写的监狱史及其"对身体的政治干预"，并不仅仅意味着一位考古学家对过去的兴趣，同时也是一段"当下的历史"（history of the present），这段历史试图揭示当代社会得以建构的方式，从而介入当下的社会政策与社会政治。福柯用一个脚注结束了该部分的内容，这个脚注指出，为了做到简明扼要，福柯所采用的将只是来自法国的例证，但正如该部分在此前所暗示的那样，这些机制及其发展更普遍地适用于整个"西方"国家。

断头台的景观

当福柯在第 1 部分中介绍了自己的论题、方法与动机之后,他可以充分地展开自己的历史叙述。正如我们将会看到的那样,福柯将这种历史叙述大致划分为三个阶段,这种划分方式很明显地采纳了划分法国历史的传统方法。第一个阶段属于中世纪封建制度崩溃之后的早期现代,大约从 17 世纪中期延续至 18 世纪的最后三十年:从"太阳王"路易十四(Louis ⅩⅣ),到被法国大革命所罢黜的路易十六(Louis ⅩⅥ)执政的最后几年。第二阶段大致以大革命时期为中心,从 1789 年开始,结束于拿破仑掌控政权。最后一个阶段是 19 世纪的现代时期,从拿破仑在 1804 年登基称帝到拿破仑的侄子路易-拿破仑于 1840 年代掌控政权。即使福柯偶尔会提及此后发生的事件,但他所列举的史例很少超出 1840 年代。

这三个阶段,大致包含了旧制度时期(结束于 1789 年),大革命时期(1789—1799 年),以及第二帝国开始复辟的时期(1799—1848/1852 年),每一个阶段都与《规训与惩罚》中的前三部分相吻合,而这三个部分则以它们所属阶段的代表性的惩罚形式为标题:酷刑、惩罚以及规训。关于监狱的最后一部分,部分地延续了第3部分所讨论的事件,并在一定程度上充当了福柯对全书的回顾与总结。

在第1部分的第一小节中,福柯考察了在早期现代占据主导地位的惩罚形式:酷刑以及对痛苦的公开展示。在今天,一种热衷于引发痛苦的惩罚看上去几乎不可能成为常规的惩罚模式,它意味着对基本的人权的侵犯。然而,福柯进一步展现了各种刑罚形式在其历史语境中的逻辑。按照福柯的看法,以下观点意味着一个可怕的错误,即由于我们生存在一个更晚近的历史阶段,我们的社会便在某种程度上比此前的社会更"明智",或者说,我们便生活在一种更进步的道德规范之下。《规训与惩罚》中的大部分篇章都致力于对这种发展观加以驳斥,并转而宣称,每一个历史阶段都会以适合其社会政治团体的特定支配模式的方式来组织自身。后来的历史阶段并不比之前的阶段更好;它们只是以不同的方式加以组织。

为了展现这一点,福柯倾向于用一种未曾言明但却一以贯之的结构来对他的每一个章节加以组织。在每一部分的开头,他往往会界定该部分所涉及的历史阶段的结束标志,并进一步对这一时期的惩罚技术(或技术学)加以描述。由此出发,他描绘了身体在这些技术中得以运用的方式,并通过讨论围绕身体的刑罚组织形式所展开的政治学,即讨论每一个阶段所独有的"身体的政治技术学"(political technology of the body),而得出了自己的结论。

因此,该部分开始于对"1670年法令"(the Ordinance of 1670)所规定的"惩罚实践的基本形式"(第32页)的描述。这一刑事诉讼法在路易十四执政的早期被引入法国,并直到1789年(即法国大革

命的头一年)都依然生效。通过以这样的方式展开该小节的讨论，
福柯要阐明的是，他所讨论的是前革命阶段，这一阶段与专制主义
的兴起，与君主以其他贵族为代价所换取的后封建集权紧密关联。
这一专制主义君主所统治的阶段，并不是如此的前现代，因为它实
际上是介于封建制度和后期启蒙运动之间的早期现代阶段。在封
建时代，孱弱国王的律令在地方贵族和军阀面前显得不堪一击；而
在后启蒙运动时期，贵族与宗教精英的统治则受到了崛起的中产
阶级的挑战。

专制主义君主的刑罚实践的主要特征，涉及对肉体痛苦的宣
判。尽管死刑常常适用于很多犯罪行为，但福柯却注意到，在具体
的审判实践中，法庭往往要么通过拒绝追究会遭到"过于严厉的惩
罚"的罪行，要么通过修改个体被指控犯下的"罪行的定义"(第33
页)，而想方设法地减轻死刑的判决，并用其他类型的惩罚来替代
死刑。虽然在真实的审判实践中，死刑并不像一个仅仅阅读成文
法典的人所可能想象的那般稀松平常，但惩罚主要"关涉不同程度
的酷刑：示众、上颈首枷、戴铁项圈、鞭笞、烙印"，简而言之，关涉
"肉刑"(supplice)。福柯称之为"引起某种令人恐惧的痛苦的肉体
的惩罚"(第33页)。

然而，这一阶段的酷刑并非随意安排，其运用也并非无逻辑可
循。"酷刑是一种技术，它并非一种无法无天的极端狂暴表现"
(第33页)。由于在旧制度时期，酷刑是法律机器中的一个合法
组成部分，它必须"遵循三条基本的标准"(第33页)。第一，它
必须能制造痛苦，这种痛苦能够被"精确地度量，至少能被计算、
比较和划分等级"(第33页)。人类的感觉必须具备一种对应于
酷刑使用的可以被量化的尺度，并由此在某种程度上对酷刑加以
合理化。第二，通过这样一些测算，酷刑必须能够对"痛苦的性质、

51

强度和持续时间"加以调节,以便将适当的痛苦分量分配给不同类
型的犯罪。第三,酷刑必须成为某种仪式的一部分,这种仪式既制
造了关于犯罪的真相(通过认罪的方式),同时也制造了对罪行的
惩罚。这种"认识—生产"(knowledge-producing)的仪式包含了两
个方面:它必须"标明受刑者"(酷刑必须以伤痕、烙印或外形损毁
的形式留下身体上的印记,从而使身体充当对刑罚的永久记录);
它还必须在公开展示中得以表现,因此才有了这一节的标题:"断
头台的景观"(spectacle of the scaffold)。这种对酷刑的极端化视觉
演绎是惩罚的一个目标;犯人因痛苦而发出的哀嚎"并不是令人难
堪的副作用,而恰恰是伸张正义的仪式"(第34页)。

　　因此,在这一阶段,"司法酷刑"(penal torture)不仅仅意味着肉
体的惩罚,同时也将三个至关重要的因素结合在了一起:"它是一
种有差别的痛苦制造方式,一种标明受刑者和体现惩罚权力的有
组织的仪式"(第34页)。酷刑的公开表演并非产生于一个将人道
原则和冷静克制抛诸脑后的司法体系;相反,司法的"权力经济学"
(economy of power)取决于通过酷刑所生产的这些"过分"
(excesses),因为公开酷刑的目标,在于"向一切人展示罪行的真
相"(第35页)。

　　除英格兰之外,绝大多数欧洲国家都保持了判定罪行的审讯
程序的私密性,并使之远离公众。这种审讯甚至对被告而言都是
秘而不宣的,这些被告无法知晓他们被指控犯下了何种罪行,也无
法了解对他或她不利的证据的性质或证人的身份。被指控者通常
无法雇佣律师为自己申辩,甚至无法确认法官的问题是否只是想
要对他/她加以迷惑或欺骗,从而使其自证罪行或(出乎意料地)坦
白交代。人们只是被质询并审判。地方法官拥有"独立的全权"

（第35页）或确定罪行并作出判决的完整权力。"这种秘密的和书面的司法程序体现了一个原则,即在刑事案件中,确立事实真相是君主及其法官的绝对排他的权力"（第35页）。法庭远离了公众的目光,因为当权者认为,在审讯的过程中,观众可能会制造一场骚乱。在司法问题上,"大多数"（第36页）,或普通人,无法发出声音,因为这不是一个民主社会,而是被一位专制君主、一位最高统治者所统治的社会,后者的权力建立在国王被假定为神圣的统治权之上,而不是由民主的公开选举或认可所授予。

即使以国王名义所执行的审讯是私密的,"但也必须遵守某些准则以确立事实真相"（第36页）。这些准则包含了一种刑事上的"算数法则"（arithmetic）（第37页）:半充足证据能够被累积以形成一个完整的证据,而间接证据也能够被叠加而最终使罪犯得以释放。然而,由于在这一阶段,依然存在着法律评论者对法官拥有断定犯罪真相的过多权力的质疑,审讯不得不通过某些有助于对其加以合法化的方式而展开。"刑事案件调查"必须成为"一部产生事实真相的机器"（第37页）,而最终规定这些真相的,则是使被告供认其罪行的酷刑。

认罪基于两个理由而显得至关重要。第一,认罪之所以得到强调,是因为它被认为是犯罪的最有力的、绝佳的证据。认罪甚至完全不需要其他任何证据的出现。第二,当"被告本人参与到制造司法事实的仪式之中",并通过"扮演活生生的真相体现者的角色"（第38页）而对他或她自身的指控加以确证时,司法权威的合法性便能够实现。犯人的口头声明检验并补充了法庭的书面指控。如果说,认罪"既是一种证据,又是先期调查的对应物",它便会使酷刑看起来像是一场"半自愿的交易"（第39页）。正因为如此,福柯

54

谈到,这就可以解释犯人不作伪证的宣誓为何在制造关于主体罪行之真相的过程中占据了核心位置,这种宣誓在酷刑结束之后必须再次被"自发地"重复,以此来说明认罪是真实的,也是自愿作出的(第39页)。

尽管启蒙思想家也许会对旧制度大加谴责,将其对酷刑的使用与封建主义的野蛮行径相提并论,并将其非法的审讯视为类似于古老奴隶制社会的残忍行为,福柯却宣称,前启蒙的、早期的现代阶段并不仅仅是在对古老的习俗加以复制,这一阶段基于自身的需求而对古老的酷刑进行了重新构造。这个专制主义君主的时代有着貌似理性的规范,审讯的程序被种种新采纳的因素所修正。例如,需要书面控诉的叠加与犯人的口头认罪,同时,需要使认罪成为一种"自愿的"行为,从而("在必要时通过最激烈的威慑方法")使被告参与到对他们自身加以定罪的过程之中(第39页)。

之所以会出现这种在封建时代不存在的、关于酷刑的规定,其理由是政治性的。由于国王的中央权威本身是一个相对较新的治理体系,即使是专制主义国家,也不得不以合乎逻辑的方式行使其权威,并由此而得到其臣民的接受。因此,在这一阶段,制造事实真相的机制便包含了两个因素:一个是由法官所开展的秘密调查,另一个则是公开实施的"被告的仪式化行为"(第39页)。将上述两个因素联系在一起的第三个因素,是"被告的身体、会说话的和必要时受折磨的身体"(第40页),它在大庭广众之下,作为对不可见的审讯及其判决加以证明的手段而展示出来。

由于在对司法真相的产生加以确证与合法化时,来自被告身体的凄厉叫声显得不可或缺,这个时期的评论者格外关心的是,如何确保酷刑恰如其分地发挥其功用而没有纰漏。酷刑"确实很残忍,但它并不野蛮",因为它必须依照特定的参照标准而存在;对于酷刑痛苦的数学分级使之成为"一种受制约的实践,遵循着明确规定的程序"(第40页)。然而,因为需要通过认罪来确证指控是正确的,一个悖论也便随之而产生。如果犯人在酷刑之后仍拒不招供的话,"审讯官便会被迫放弃指控"(第41页),因为最有效的证据未能出现。尽管法官貌似拥有无上的权力,他也可能在酷刑的"严酷考验"中败下阵来。司法酷刑是"一种获取证据的途径……但它同样也是一场战斗……这场战斗将'产生'某些真理……其中存在着一种决斗的成分"(第41页)。为了规避这一可能的漏洞,审讯官常常更改其指控的措辞,从而使拒绝认罪无法证明犯人的无辜,但却可以使她或他免于被判处死刑。这样,司法官员便不必仅仅因为被告拒不认罪而宣告其完全清白无辜。

随着18世纪的到来,可以发现,酷刑的这种将"调查与惩罚"混合在一起的特质是混乱而令人反感的(第41页)。但考虑到这一阶段恰恰处于大革命前夕,对酷刑与认罪的公开展示基于四条理由而显得必不可少。第一,通过使犯罪者成了"自己的罪行的宣告者"(第43页),它作为一种对审判权威加以合法化的方式而发挥功效。第二,它在公众面前重复了"认罪的场景"(第43页),否则,公众将无法见证认定罪行的过程;它补上了"犯人的签名"(第44页),从而有助于揭开过去秘而不宣的事实真相。后一点也说明了公开处决为何常常同审讯的某些环节结合在一起,通过这种结合,被告能够在断头台上作出新的认罪,同时也可以检举其他的罪犯。第三,惩罚的景观有助于在"公共酷刑与犯罪本身"(第44页),而不是与法官之间建立起某种关联,并由此而免除了司法权威的责任。正因为如此,公开惩罚会被尽可能地安排

56

在靠近犯罪现场的地点,似乎犯罪事件与惩罚的接近能够消除司法权威的干预。第四,公开惩罚的速度在断头台上常常被放缓,从而使认罪的"最后的证据"(第45页)在围观群众那里产生更强的效果。依靠减慢惩罚的进度,并允许观看者像面对慢镜头一般观看与聆听,惩罚的戏剧性得到了彰显。正如福柯对意大利法学家詹巴斯蒂塔·维科(1668—1744)的引用,这种小心翼翼地精心安排的过程,构成了"一套完整的诗学"(an entire poetics)(第45页)。这种将痛苦的躯体置于其中心的公开的酷刑与处决,"构成了一种符号",它可以被围观的公众所阅读(第46页)。福柯强调指出,这种诗学的"模棱两可"在于,罪犯所经受的痛苦"既表示犯罪的真相又意味着法官的错误,既显示罪犯的善又揭示罪犯的恶,既表示人的审判与上帝的审判的一致,又表示这两者的背离"(第46页)。福柯一而再、再而三地强调了肉体惩罚所扮演的关键角色,因为"身体受到多次折磨,从而成了一个承担着行为现实与调查结果、诉讼文件与罪犯陈述、犯罪与惩罚的综合体"(第47页)。

在阐明关于真理生产的身体技术与逻辑之后,福柯回过头来说明,公开处决"不仅仅是一种司法仪式,同时也是一种政治仪式"(第47页)。在一个由中央集权所组织的社会中,犯罪主要被理解为一种对君主所代表的治理体系的反叛。因为国王是司法的源泉,所以,任何对法律规范的违背,即是说,任何犯罪行为,"冒犯了君主:它是对君主人格的冒犯,因为法律体现了君主的意志。它也是对君主人身的冒犯,因为法律的效力体现了君主的力量"(第47页)。

最终,不管犯罪的实际受害者是谁,国王都充当了犯罪的象征性标靶,因为君主是法律权威的来源。由于一切犯罪都触犯了国王的统治,国王必须被视为亲自实施复仇。因此,公开处决是"一场对受到伤害的君权加以重建的仪式"(第48页)。在国王的权力中,包含着对罪犯加以惩罚的权力,这颇为类似于国王所拥有的"打击其敌对者的权力"(第48页)。为避免君主的权威受到更进一步的挑战,任何对国王的冒犯不仅会遭遇一种无往不胜的力量,而且还会遭遇一种"至高权力"(super-power);一场势不可当的权力的表演,将会对任何有可能想挑战君主的人造成威慑。

58

如此一来,公开处决便被多次施行,好像它是一场军事上的胜利大阅兵,一场对国王的"无坚不摧的力量"(第48页)的堂而皇之的展示,其目的不仅仅是弥补创伤,同时也是实施压倒一切的复仇。正如达米安的例子所展现的那样,必须有一种过分严重的惩罚,以此而"着重强调(国王的)权力及其固有的优势……因此,惩罚的仪式是一种'恐怖'的活动……通过罪犯的身体让所有人意识到君主的无限的存在"(第49页)。因此,公开处决的残酷场景和在仪式中精心安排的肉体暴力,是解释"刑法制度的政治功能"(第49页)的关键所在,由此出发,围观群众必将因公开展示的、受酷刑折磨的罪犯而倍感惊恐。

公开处决的震撼与恐惧,通过犯人在人群中列队行进的戏剧性场景,以及紧随其后的赎罪姿态而产生。上述事件往往在军事警卫的守护下展开(即"全副武装的正义"),这些警卫的出现,部分是为了"防范人们可能激发的任何同情或愤怒",或是为了防范营救犯人的尝试,但"这也是为了提醒人们,任何类似的犯罪都是对法律的反叛,任何类似的犯罪者都是君主的敌人"(第50页)。作为"司法的首领和军事的首领"(第50页),国王造成了一种权力的极大的不对称,并且将公开处决转化为一场国王与罪犯之间的角逐,在这场角逐中,罪犯必须始终屈从于国王的权威(即便国王在最后一刻赦免了罪犯也无伤大雅,只要这种赦免表明,一切权

59　力都存在于君主对是否夺走生命的决定之中)。因而,愤怒的君主的力量(通过其施行者)而"存在于"每一次处决之中。君主"直接或间接地要求、决定和实施惩罚",因为"他通过法律的中介而受到犯罪的伤害"(第 53 页)。

至此,福柯再次谈到了鲁舍和基希海默尔的研究,因为在他看来,自己就专制君主和酷刑对身体的漠视之间关系所作出的论断,很接近两位学者的观点,即这种惩罚存在于一个资本主义不甚发达的时期,在这个时期,存在着"一种生产制度,在这种生产制度中,劳动力乃至人的身体没有在工业经济中所赋予的那种效用和商业价值"(第 54 页),并且能够被毫无顾虑地轻易"耗费"。福柯同样承认,当死亡因流行性瘟疫与食物短缺(这是一种年鉴学派的观点)而在欧洲频繁发生时,公开展示的酷刑或许会得到更普遍的接受。然而,上述两种解释都无法完全令福柯信服,原因在于,在 17 世纪晚期、18 世纪初期,存在着一种较之鲁舍和基希海默尔的理解更发达的商业资本主义形态,而这一阶段在时间上也要晚于大瘟疫。同样,这两种解释也无法说明,作为这一时期的主要法律规范,颁布于 1670 年的"法令"为何往往使惩罚相较于从前更加严厉。

福柯反过来将这种新的严酷视为对君主制的脆弱性的一种回应。法国在当时刚刚经历了一场名为"投石党运动"(the Fronde,1648—1653)的国内战争,在这一时期,路易十四是严格意义上的

60　国王,但作为一个"孩子王",他所拥有的只是不稳固的权力。在贵族叛乱遭受军事镇压之后,路易也达到了法定年龄,他施行了新的、更加严格的法律。因此,公开处决的"残忍性、展示性、它的肉体性的暴力"(第 49 页)有着明显的战略性理由,这些理由涉及君主在社会动荡时期重建其至高权威的需要:"(面对)一触即发的内

战的阴影,国王为了巩固自己的权力而不惜损害高等法院的愿望,
这有助于说明这种严峻的刑法持续存在的原因"(第55页)。

福柯同样阐述了断头台的景观所固有的若干层面,以及它们
是怎样将以下不同特征结合起来的:书面的东西与口头的东西;私
人性的秘密与公开的展示;调查的程序与认罪对调查的确证;犯罪
及其在罪犯身上的有形的复制(通过这样的复制,身体的损毁象征
性地替代并消解了罪行所带来的骚乱)。上述这些对立在断头台
上融合在了一起,这个断头台充当了复仇的君主"显示权力"的一
个"落脚点"(第55页),它好像是在宣称,在国王之神圣光环的笼
罩下,所有的社会因素将得到最好的表达与维系。

启蒙运动的代表人物在此后武断地将公开酷刑谴责为一种残
暴,但他们并没有追问或解释这些暴行所包含的、关系到国王的策
略性目标,即需要通过惩罚来应对或克服犯罪的"残暴",这种残暴
被视为一种对君主权威的猛烈挑战。公开惩罚的目标,恰恰在于
一场"用无限的权力组织起来的毁灭邪恶的仪式"(第57页),在于
一种无法容忍任何非议的君主的"至高权力"。

公开处决的最主要观众,并非国王尊贵的竞争者——贵族,而
是平民百姓,是"民众"。国王依靠普通人劳动所创造的税收来支
付军队的开销,他需要自己的军队能够同其他贵族的军队相抗衡。
公众被召唤到处决的现场,他们一方面见证,一方面又参与了这种
处决的恐怖。这样一来,平民百姓将直接接触到国王的可怖权威,
并与之紧密相连,而不再以教堂或其他贵族为中介。尽管在公开
处决中,围观群众的举动意味着他们因恐惧而强化了对国王的忠
诚,同时也意味着民众将更紧密地与君主(而不是地方贵族或神职
人员)联系在一起,然而,当群众发起暴动以维护罪犯,而不是对他
或她加以攻击时,情况可能恰恰相反。当权者能容忍处决过程中

某些指向罪犯的群体性暴力,因为这样的暴力可以被视为一种象征性的姿态,民众在其中扮演了"君主的报复"中的"一个次要的组成部分"(第 59 页)。群众的骚动被解读为人们在向国王展示其忠诚,但这样的骚动始终处于由君主自身的特权(当然也是由守护于断头台的警卫人员)所设定的界限之内。

不过,在大革命之前食物短缺的年代,群众逐渐开始拒绝以期待中的方式展开行动:这些公共事件成为引发公众抵抗的时刻,同时也成为对君主权威的狂欢节式的拒斥。在某些时候,如果群众感到,判决对犯下微末罪行的非精英人士是不公正和过于严厉的,他们便可能通过暴乱对权威加以反抗。在这些年里,出现了一种新的相互支持关系,劳动阶层开始与"流浪汉、狡猾的乞丐、二流子、小偷、窝赃人和赃物交易人"(第 63 页)等轻微犯法者结盟,若非如此,后者将会是下层阶级希望借警方之力加以追究的对象。在大革命的酝酿阶段,在"诚实的"穷人同底层罪犯之间,存在着更紧密的同谋关系,因为前者会协助后者来抗拒警察的搜索并制裁告密者。如果军队常常伴随着罪犯登上断头台,那么,这种行为已渐渐不再是一种对国家威权加以展现的景观,而更莫过于一种对可能爆发的公众骚乱的必要的武装防御。

当群众在处决现场表现得躁动不安时,他们象征性地抵抗了国王自身的合法性,而这也使当权者产生了一种"政治性的恐惧"(第 65 页),这些当权者发现,他们所采取的策略转而对自己不利。例如,"绞刑架前的演讲"(gallows speech)这一仪式,据称是犯人在临死前的最后告白,其目的是要确证惩罚的合理性,但这样的演讲也可以成为犯人谴责其惩罚者的手段。后一种情况的出现,使即将被处决的犯人在某种程度上成为一位公开发言人,以及为了穷人而自我牺牲的英雄。绞刑架前的演讲所包含的愤怒或是对精英阶层的抵制,将隐晦地传达出一段下层阶级与其统治者之间的"关于斗争与冲突的完整的记忆"(第 67 页)。因此,群众之所以常常亲临处决现场,恰恰是为了倾听"一个已是一无所有的人咒骂法官、法律、政府和宗教"(第 60 页)。公布罪行的做法"将日常生活中不引人注目的微小抗争变成了英雄史诗"(第 67 页),并有助于下层阶级在他们既没有言论自由,也无法颠覆其主宰者的时期,建构起一种包含控诉意味的元政治语言(proto-political language)。尽管用大幅版面刊登罪犯的控诉的报纸不应当被解读为"一种自发的'民心表现'"(第 67 页),但这些报纸的流行却可以被视为反映了下层人士对抗权威的愿望。如此一来,民众也便往往将罪犯转化为一个"正面英雄"和"一种圣人"(第 67 页),这些罪犯依照他们的兴趣而寓言性地扮演了对抗政府的侠盗罗宾汉(Robin Hood)式的角色。

正如福柯所注意到的那样,现存记载使我们很难估量这些被特意印刷在大幅版面上的"绞刑架前的演讲"实际上是否广为传播(第 65-66 页)。但他同样也暗示,不论其真实性如何,这些对犯罪的描写发挥了一项重要的社会功能,它们充当了"一种围绕着犯罪、惩罚和关于犯罪的记忆的战场"(第 67 页)。福柯提出,最好将这些文本理解为"双关话语"(two-sided discourses),它们"既肯定了司法正义,也提高了罪犯的声誉"(第 68 页)。这种模棱两可的特征具有将罪犯英雄化的颠覆性潜质,因而也说明了刑罚改革者为何会要求对表现断头台场景的文学作品严加禁止。

相似地,福柯指出,中产阶级知识分子在此后之所以将恐怖和暴力谴责为不人道,是因为他们明白,既然酷刑制度已经为不再被公开处决的恐怖所威慑的、更下层的平民阶级所质疑,那么,他们的这种谴责便也将是安全的。在此,福柯的弦外之音在于,是下

63

层阶级带来了实质性的社会变革,而中产阶级则将这种变革归功于自己。正因为如此,福柯关于公众抵抗的例证来源于 1770 年代,即大革命正式开始之前,而在大革命期间,中产阶级的政治家们将路易十六推上了审判台,并在众目睽睽之下将其处死。福柯暗示,中产阶级之所以参与到这次处决之中,理由之一是想要抢在更加激进的下层阶级之前展开行动;通过控制民众对既往统治者加以报复的欲望,对路易十六的处决成为调节公众愤怒的手段。

　　福柯用另一个文化上的例证结束了该部分的讨论,这个例证涉及中产阶级是怎样不顾一切地试图重新控制公众对异议的表达,即这一时期的(中产阶级)改革者开始废止用大幅版面报道罪犯的最后演说的传统方式,转而发展了一种“新的犯罪文学……犯罪在其中得到了赞美,因为这种文学是一种艺术,因为它完全是特殊性质的作品……(在这种文学中)邪恶也成了另一种特权模式”(第 68 页)。这种新的“犯罪的美学”(aesthetic of crime)的宗旨,在于使犯罪显得就像是下层阶级因不够足智多谋或老于世故而无法实施的行为,当罪犯遇上了他或她的翻版,即侦探,并且被击败的时候,他或她不会受到酷刑的折磨。无论是犯罪还是犯罪的失败,现在都成了中产阶级的“独占的特权”。“犯罪文学把以罪犯为中心的奇观转移到另一个社会阶级身上”,如此一来,“民众被剥夺了往昔因犯罪而产生的自豪,重大凶杀案变成了举止高雅者不动声色的游戏”(第 69 页)。

　　这则关于中产阶级是如何采取新的表象方式来获取社会影响力的逸事,成为福柯转向下一个惩罚阶段的过渡环节。

第 2 部分

惩　罚

在整部《规训与惩罚》中，或许没有任何章节像第 2 部分那样备受轻视。这一部分所讨论的，是处于前文所描述过的旧制度的恐惧和即将在第 3 部分加以探讨的现代规训之间的历史阶段所具有的特征。这个居间的阶段大致包括从法国大革命的酝酿和开展到拿破仑于 1800 年左右崛起的这一段时期。由于这一时代是一个被夹在两个更漫长阶段之间的过渡时期，读者常常对其置若罔闻，继而将《规训与惩罚》解读为一部"巨大的鸿沟"（big ditch）式的著作，认为该书在"前"现代与现代之间设置了一个明显的断裂之处。事实上，福柯指出，自己的历史不过是多重转向和变迁中的一种表现，从而审慎地表明，情况恰恰相反。

然而，福柯依然因第 2 部分很容易为读者所淡忘而受到了某些指责。这部分是因为，他想要削弱启蒙人道主义作为一种进步事业所发挥的作用，因此，他在该问题上花费了较少的时间。同样，他也并没有直接承认法国大革命的影响力，而只是在讨论大革命的某些历史时期或法律条文时，对这种影响力加以提及。正如我们在本书开篇的"理论依据"部分所谈到的那样，福柯之所以在大革命问题上显得相对沉默，是因为在法国，法国大革命史的研究是一个充斥着激烈论争的专业。福柯所希望的是将自己同马克思对资本主义经济的书写联系起来,并为他的这种理论尝试提供清晰可见的依据。故而,在整个学术生涯中,他都倾向于避开任何可能将自己的立场与其他历史学家混为一谈的、关于1790年代的大革命的讨论。最后,由于启蒙知识分子(哲学家)的作用和大革命中的一系列事件是绝大多数法国学龄儿童所接受的历史教育的一部分,所以,福柯假定只需要一些简短的言辞或暗示便足以使读者理解自己的观点。英语读者对这段历史不太熟悉,因此,对于这些读者而言,第二部分的语言便显得含糊不清或太过抽象。

如前所述,福柯倾向于对"身体的政治技术学"进行三重论证。他首先详细阐述了某个历史阶段的特定刑罚技术及其"真理—权力"形式,接下来讨论了它们对身体的共同影响,并就上述政治策略加以解释,从而作出总结。在第2部分中,他遵循了这一论证的顺序,但将其分隔为两个章节。第1章主要讨论第一个环节,第2章则对后两个环节加以展开。

1

普遍的惩罚

福柯预示了一个对罪犯加以处置的新阶段,他以1789年反对酷刑与处决的请愿书为例展开了该部分的讨论。通常认为,1789年是法国大革命的开端。福柯所描述的,是对公开处决(恐惧机制)的抗议如何通过众多的启蒙思想家、中产阶级律师、下层贵族议员,以及普遍流行的请愿书,而"在18世纪的后半叶愈益增多"(第73页)。这些群体抱怨,旧有的刑罚体系太过暴力,并坚持主张,应当创立一种不那么残忍的新的惩罚形式。不过,福柯指出, 使人们对公开处决怨声载道的最初的焦虑体现在,随着"君主的报复与民众被遏制的愤怒"(第73页)在同一个空间中短兵相接,令人恐惧的场景将汇聚并强化一种潜在的、无法控制的力量。君主与民众的双重暴力有可能相互促进,从而创造一种也许不可能被控制的新力量,以及一种能够被大革命证实其潜在的高度真实性的恐惧。因为"(君主的)暴政面对着(公众的)反叛;二者互为因果"(第74页),一旦公众习惯于观看国王所造成的鲜血流淌,他们也许便希望为自己而血债血还。

为了防止君主与公众的暴力彼此交融,刑事司法不得不终止对遭受"报复"的罪犯加以展示。反过来,出现了对不带任何血腥场面的"惩罚"的需求。福柯认为,对酷刑的拒斥在最初与其说是一种人道主义的愿望,不如说是一种将人道主义的考量作为一项策略而加以使用的方法。这项策略使中产阶级所领导的群体(既不是贵族,也不是神职人员的"第三等级")可通过拒绝国王触碰(或损毁)其臣民身体的权利,而对君主的权力加以限制。福柯谈到,限制国王权力的尝试要优先于"人道主义"情感的修辞。换言之,一种反君主政治的考量要优先于伦理学;中产阶级希望能反抗国王,并需要一种能够(自我)证明的语言,而这种语言恰恰就是人道主义的语言。

同样,改革者用一种关于肉体痛苦的"人道主义"语言掩盖了
68　他们对下层阶级的反叛的关注。这样的修辞为 19 世纪晚期的一种主张奠定了基调,即司法非但不应当摧毁罪犯,反而应当试图对他或她加以矫正与改变。在这里,通过阐明"犯罪科学"与"教养"实践(第 74 页)的基础在于对劳动者和贫民阶层加以控制,福柯同样提出了一个将在后文加以讨论的观点。然而,在 18 世纪晚期,福柯将之称为"规训"的现代惩罚技术,依然有待充分地构造并巩固。在这些技术尚未出现时,18 世纪的绝大部分刑罚论著的关注焦点,是要求结束施加于犯人的外在肉体痛苦,并将这样的要求视为一种限制君主权力的手段。犯人在新近被强调的人性成为一种衡量权力的尺度。

鉴于此,福柯措辞巧妙地提出了疑问,"人的尺度"(man-measure)是如何作为一个改革者的新的关注点而出现的? 这种暗示在此会让英语读者有点手足无措。从某种意义上说,福柯在这里

不动声色地援引了启蒙时代的唯物主义者朱利安·奥弗雷·德·拉美特里(1709—1751)出版于 1748 年的经典文本《人是机器》(*L'homme machine*[*Man-the-Machine*]),并以此再现了后期人文主义的整个传统,即把个体人作为世俗的参照与权威的中心,作为人类与生俱来的权利的泉源,而不认为主体的自由是由诸如君主这样的外在力量所授予的。在另一层意义上,福柯之所以引用拉美特里的观点,是因为他想要强调,"尺度"和"人道"这两个因素将结合在社会科学话语的"一个统一的战略之中"(第 74 页),而不会成为伏尔泰或卢梭等其他启蒙主义者所代表的那种带有讽刺意味的理性或过分的多愁善感。

在通常情况下,我们会将科学尺度和客观标准视为人与人之间关系的对立面。毕竟,将"人文"与"科学"设想为敌人,是一种后浪漫主义时代的陈词滥调。相反,福柯指出,在科学以实证性和理性自居,并将定义"人之意义何在"的工作留给人文之前,二者紧密地交织在一起,并作为人类学知识的一种混合形态,随着社会科学的兴起而得以表现。除此之外,科学与人文在早期的关联,成了将旧式的惩罚制度解释为陈腐和等而下之的有效手段。

因此,当传统的理论学说对贝卡利亚及其他(第 75 页所罗列的)监狱改革的伟大书写者致以敬意时,福柯则声称,对启蒙知识分子的言论深信不疑,并相信他们所谓阶级自由的、理性的主张将赢得胜利,这是一个错误。福柯反过来鼓励我们着眼于历史档案,并以此来解释那些对社会关系之变革加以塑造的策略。

例如,福柯指出,随着时间的推移,在犯罪的性质与类型上出现了一个转变。在 17 世纪,犯罪常常是暴烈的,并往往为大型的犯罪集团所实施;在 18 世纪,犯罪则不太可能成为诸如谋杀与攻击这样的"人身侵犯行为"(第 75 页),而更多涉及对私有财产的侵犯,如偷窃与欺诈。由于犯后一类罪的往往是小团体或少数人,这样的转变同样也开始出现,即由一种涉及攻击人身体的"群众性犯罪"(mass criminality),转向涉及"某种程度上直接攫取财物"(第76页)的"边缘性犯罪"(marginal criminality)。福柯所暗示的是,如果说随着时间的流逝,犯罪变得不那么暴力的话,那么,我们可以更轻易地认为,惩罚也将变得不那么暴力。反过来,福柯也在某些时候指出,在出现更大规模的公众骚动与反叛的时期,"恐惧"制度将倾向于再度登场。

然而,这不仅是因为随着犯罪变得不那么暴力,严酷的惩罚便不再必要。福柯将远离恐怖活动解释为"一个完整的复杂机制"(第77页)的组成部分,它所涉及的是18世纪不断变化的社会状况与经济压力。这些转变主要包括:随着一些农民和部分新兴的、从事商业活动的城市中产阶级变得更富有而出现的"财富和私有财产的增加"(第76页),以及自18世纪中期以来人口与寿命的突然增长(即"人口的膨胀",第76页)。因为实际人口的数量比以往更多,下层阶级便面临工作竞争加剧所引起的工资降低;同时,他们也发现,自己的基本膳食和住宿变得更难以保障。由此而产生的初期(乡村与城市)资本家与(乡村与城市)工人之间的不平等,导致了作为流动人口的流浪汉的增加。由于农民离弃或被迫离弃其过去耕种的土地,而贫困的城市居民则发现很难拥有稳定的工作,这两个群体便常常离开自己居住的区域,变成了依靠偷窃来维持生存的、四处漂泊的、流离失所的个体。

依据福柯的概括,这种从"流血的犯罪向诈骗的犯罪"(第77页)转变的主要驱动力量,包括一个新兴的(资本主义)生产模式,包括从这种生产中谋取利益的阶级在财富上的增长,同时也包括一种加在"私有财产关系"(而不是对地方地主或牧师的习惯性顺

从)之上的更高价值。这些被我们归入中产阶级名下的新兴群体
坚称,刑事司法应当聚焦于诸如偷窃这些被旧制度所忽视的轻微
罪行,并呼吁建立一个新的治安网络,以创造形形色色的监督技   71
术。作为一种确保"安全"的方法,这些监督技术将人们分隔为越
来越小的群体,并试图获取更多关于个体人的讯息,从而对下层阶
级的行动予以更多关注。

我们可能会认为,在惩罚中,转向宽大处理,意味着一种基于
人道主义关怀的精神层面的改变。但福柯坚称,潜藏在"惩罚活动
的改进"(第77页)背后的驱动力量,是转向侵犯财产罪的"非法活
动中的转变"。"这种新出现的东西与其说是对犯人的人性的尊
重"(因为酷刑依然存在),不如说是"追求更精细的司法,对社会实
体作出更周密的刑罚测定的趋势"(第78页),人们的"日常行为、
身份、行动以及表面上无足轻重的姿态"被安置于更严密的监督之
下(第77页)。犯罪变得不那么暴烈,管制的力量也更频繁地出
现,且更具有干预性。对公众的治安监督由保护私有财产的欲望
所驱动,尽管它抽象地运用一种"公共安全"和"关心人类"的修辞
来为新的社会控制方法辩护。

福柯再度援引了年鉴学派的历史学家艾曼纽尔·勒华拉杜里
的观点,他谈到,由于司法体系被重新组织以满足一种新兴资本主
义市场经济的需求,这种新的控制形式便拥有了"资产阶级的阶级
司法的表象"(第76页)。这种刑罚的改变由中产阶级以及与之相
关的思想家的愿望所驱动,他们想要设计一个能控制"居民的各种
复杂的实体和力量"(第77-78页)的机制,这是一种打破由新兴资   72
本主义在旧制度时期的分化所造成的劳动阶层的流动与迁移的
手段。

除此之外,早在法国大革命的一系列重大事件之前,这种保护

私有财产的倾向便已经出现。福柯所暗示的是,中产阶级甚至在大革命之前便开始对法国社会加以改变;因此,如果说福柯避免将社会变迁归因于重大的日期与事件,并更多涉及一段由更细微、更难以分辨的事件所组成的历史,其原因便在于,他感到这些纪念碑式的事件遗漏了历史变革的真正开端。更进一步,福柯不同意这样的观点,即认为转向更温和的惩罚形式是一种"属于精神和潜意识领域的变化"(第77页)。虽然他出于措辞的需要而引用了一篇作者为尼尔斯·韦恩·莫让桑的索邦大学的博士论文,从而令人回想起黑格尔学派或弗洛伊德学派的思想史,但福柯的目标,似乎是年鉴学派对描绘随时间推移而变化的心态与观念的兴趣。至此,福柯的观点在于,历史变迁的发生应归结为"权力机制"(第77页)的战略性调整,而并非仅仅来源于潜意识或近乎超自然的力量。

尽管福柯并未将他的讨论转向这个问题,但一段反事实或替代性的个案史同样值得关注。如果说,现代惩罚植根于中产阶级与资本主义市场的兴起,那么,倘若我们的社会没有被中产阶级的考量所主导并组织,我们是否会拥有一种不同的刑事审判制度?一个非资本主义(或后资本主义)社会是否会以一种不同的方式对社会加以组织?

就我们在面对《规训与惩罚》时的更普遍态度而言,这个反事实的问题同样至关重要。许多忽视了这一历史性论争的读者感到,这本书在根本上呈现了一幅看不到任何出路的现代生活的荒凉图景。但正如我们将看到的那样,很难将这种悲剧性世界观同福柯的动机或这本书的实际论证相协调。福柯暗示,这样的论证将"规训"安置于一个特殊的历史时期,而这个历史时期终将被一种新的社会形态所取代。

在解释"一种惩罚活动的改进"(第77页)时,福柯指出,刑罚改革者从社会经济学层面出发,对他们称之为不公平或非"自然"的旧制度时期的司法体系展开了如下三条控诉。首先,世袭的法官职位越来越多地被当作商品出卖给个人,这样一来,那些买到职位的法官便必然会依靠增加诉讼费用和法庭罚款来收回成本,这两种方法都将使中产阶级对审判系统的使用变得代价高昂。其次,存在着这样一个矛盾,即国王被允许制定法律,而他自己则并没有义务遵守这些法律,上述状况使国王作为一种外在于或超越法律的力量,而获得了一个"非理性"的位置。由于不存在针对君权的官僚制审查,君主便成了一种凌驾于法律之上的"至高权力",对于那些试图使合法或非法变得可预测的阶层而言,这样一种定位是"违反规则"和"不自然的"(第78-80页)。最后,通过将"法官的职位"作为一种增加税收的途径而售卖,国王使法律体系的秩序变得错综复杂。上述情形所造成的结果,是大量重叠的司法与审判权,是"五花八门的负责刑事司法的法庭",它们无法形成申诉的"一个统一而连贯的金字塔结构"(第78页)。这种优先权上的混淆和不连贯性"使刑事司法有无数的漏洞可钻"(第79页),从而也削弱了刑事司法的权威性以及果断行动的能力。这种不确定性使中产阶级感到困扰,他们希望确保法庭能作出对自己有利的判决,这种判决不会被推翻,也不会因再次与另一种判决相冲突而付出 74 高昂代价。

福柯宣称,监狱改革者更关注的是改善一种"糟糕的权力体制",而不是令其变得不那么残忍(第79页)。

改革运动的真正目标,即使是在最一般的表述中,与其说是确立一种以更公正的原则为基础的新的惩罚权利,不如说是建立一种新的惩罚权力的"经济学",使权力分布得更加合理,既不过分集中于若干有特权的点上,又不要过分地分散成相互对立的机构;这样一来,权力应当以一种持续不断的方式,分布于能够在任何地方发挥作用的性质相同的回路之中,直至作用于社会机体的最为细微的粒子。

(第 80 页)

这样做能够增强司法的效力,并降低其经济成本(这些经济成本由出售官职和接踵而至的腐败所带来),以及与不受欢迎的君主相关的司法体系所带来的政治成本。"简而言之,审判权不应再取决于具有数不胜数的、相互脱节的,有时还相互矛盾的君主的特权,而应当取决于具有连续效果的公共权力"(第 81 页)。

最重要的是,需要一种更理性化的惩罚的"政治经济学"。福柯并没有提供一种还原论或简单化的解释,而是审慎地注意到,存在着一种"引人瞩目的战略性的一致","各种不同的利益"(第 81 页)在此汇聚,并为社会变革铺平了道路。福柯并没有对监狱改革的书写者抱以高度重视,而是指出,并不是那些"将自己视为专制之敌和人类之友"的知识分子首先推动了监狱改革(第 81 页)。更重要的参与者是律师和地方法官,他们身处这一体系之中,却又因无法掌控这一体系而倍感沮丧。

正因为如此,福柯指出,"改革"的言论并非由一种人道主义的"新的情感状态",而是由"另一种对待非法活动的策略"(第 82 页)所激发。其动机"并不是要惩罚得更少些,而是要惩罚得更有效些",以便"使惩罚权力更深地嵌入社会本身"(第 82 页)。在某些时候,既定的法律之所以没有得到遵守,是因为后来的法律改变了更早的法律,从而使特定的行为得以合法化。而在某些时候,过去的法律要么被大面积地忽视,要么基本上被遗忘。不过,在维护法律的过程中,之所以会出现前后矛盾的情况,主要原因在于,当权者并没有严肃地试图追究或制止特定的非法行为。

在旧制度时期,"不同的社会阶层"都具有各自"容忍非法活动"(第82页)的余地。从严格的法律意义上说,这些活动是非法的,但它们通常会在不引起恐惧和惩罚之预感的情况下展开,原因在于,这些非法活动要么遭到了忽视,要么由于未能挑战社会等级结构而被容许发生。容忍非法活动的一个现代例证也许是,一位办公室主管知道雇员们将钢笔一类的办公用品偷偷带回家,但她或他却对此无动于衷。福柯提出,非法活动对于旧制度的运行是如此"根深蒂固而又如此不可或缺"(第82页),以至于它成了一种具有自身的连贯性的结构特征。这些习惯性的轻微犯罪对下层阶级与小农场主而言尤为必要。他们没有较多法律上的"特权",也无法从他们的上层管理者那里索取较多的物品,但他们对轻微的非法活动(如走私,非法狩猎,从当地庄园的森林中搜集取暖的木材,或是在不属于他们的土地上居住或耕作)有着一块"宽容的空间"(第82页)。

在旧制度时期,这些非法活动之所以被允许发生而未遭受抑制,是因为它们一方面很难(如果不是无法)加以管制;另一方面,任何迫使法律回归生活的努力都将面临"公众的骚乱",因为这些非法活动意味着"不可或缺的生存条件"(第82页)。一个以这种方式来容忍非法活动的当代例证,是商品交易中"黑市"的出现,这种市场仅仅受到了轻微的控制,因为它所提供的是一种能在某些时候带来官方渠道所无法供应的必需品的商业机制。比如说,它可以为人们供应止痛药,若非如此的话,这些人便无法支付咨询一位掌握处方权的医生所需的费用。

然而,这种"必要的非法活动"(necessary illegality)(第83页)具有某种内在悖论。首先,当权者通常很难"标明界限"(第83页),并将轻微的非法活动与实质性的犯罪行为区别开来。在什么时候,流浪生活充当了失业者或那些遭受虐待且试图寻求更好生活条件的仆人或士兵的安全阀门,并因此而得到了允许;而在什么时候,那些在乡村四处游荡的陌生人又构成了一个真正的威胁?这种模糊性同样存在于下层阶级,对那些因18世纪的种种变迁而被抛入流动状态的"流动人口",他们既称颂又谴责,既施以援手又惶恐不安。农民对那些摆脱其残暴雇主并成为罪犯或走私者的乡村劳动者青睐有加,因他们能够为下层阶级带来更便宜的免税商品,但那些因犯罪而危及他们的人则"成了一种特殊的憎恨对象"(第83页)。

此外,某一个社会群体会率先怂恿另一个群体从事某种非法活动,以此对第三个群体造成损害。很明显,地方性的土地所有者不会在意他的农民拒绝支付应付给君主国家的税金,因为这些土地所有者自己也希望逃避应交纳给国家的税款。当能工巧匠打破了针对工作场所而制定的法律时(这些法律想要保护学徒,并控制商品产量,以防止出现廉价销售所造成的供过于求),他们得到了新的企业资本家的鼓励,这些资本家希望用廉价的商品换来更高的利润。不过,鼓励公众从事非法活动,并将其作为一种手段来削弱君主国家对市场的控制的群体,主要是中产阶级:"中产阶级需要这些变化;而经济的增长在某种程度上也应归因于这些变化。于是,人们从容忍而转为鼓励"(第84页)。

然而,到了18世纪下半叶,中产阶级对公众非法活动的看法开始改变,究其原因,主要在于他们变得更成熟而富有,并开始意识到,非法活动将对其造成比国王更严重的伤害。在 18 世纪上半叶向下半叶过渡的进程中,随着法国发展为一个更加商业化的社会,"民众非法活动的主要目标不是趋向于争夺权利,而是攫取财物:偷窃大有取代走私和武装抗税之势"(第 84 页)。此外,更多的中产阶级开始拥有田地,并希望转向"集约型的农业",从而使土地变得更加有利可图,他们厌恶过去被地方贵族所接受的农民与小农场主的"被容忍的活动"(第 85 页)。当"地产成了绝对的私有财产"(第 85 页),成了某种能够超越地域界限而伴随其产品一道被购买与出售的东西时,土地的新所有者便将"自由放牧,拾取木柴"等过去习以为常的活动视为"彻头彻尾的偷窃","非法行使权利往往意味着受到最严重剥夺者的生存的问题,由于新的财产状况的出现,非法行使权利变成了非法占有财产,因此,非法行使权利必须受到惩罚"(第 85 页)。

对中产阶级而言,当这种非法活动发生在城市的车间和码头的仓库(在这些地方,储存着加勒比糖一类能带来超额利润的商品)的时候,其后果甚至比发生在乡村的非法活动更加严重。通过援引 18 世纪伦敦警务处处长帕特里克·考尔克洪的作品,福柯谈到这个时代对偷窃行为的忧虑,也谈到一个新的城市非法活动网络正在崭露头角,其中工人阶级与犯罪团伙串通一气。管理人员也许会与员工同流合污,而员工则要么允许非法团伙从仓库中偷东西以换取回报,要么他们自己也会偷走货物并将其销赃。伪造货币同样是一个严重的问题,因为它将助长货币的贬值,从而降低商人的相对收益。

"随着新的资本积累方式,新的生产关系和新的合法财产状况的出现"(第 86 页),随着新的法律和治安手段的引入,旧式的公众活动被更严格地认定为非法。旧式的"非法活动的结构也随着资本主义社会的发展而得到了改造"(第87页)。然而,在这样的情况下,中产阶级依靠将"财产的非法占有"与"权利的非法行使"(第87页)相分离,而确保制造了"法律上首先需要弥补的重大漏洞"(第87页)。上述区分来源于这样一种差异:偷窃的非法活动是"下层阶级最容易接受的",而中产阶级则为自己保留了"权利的非法行使",因为他们知道,自己可以依凭对法律的谙熟以及花钱雇佣律师的能力而避免由非法行使权利所招致的惩罚。这样,通过创造两种不同的法庭,中产阶级为自己创造了"规避自己的规章和法律的可能"(第87页)。在今天,这便是我们在刑事法庭和处理"民事"(白领阶层)犯罪的法庭之间所进行的区分。

福柯指出,刑罚改革因此而产生于一种二元冲突:一方面,它所对抗的是君主的"至高权力"(常规司法形式无法对这种权力生效);另一方面,它又反对社会中劳动阶层的"地下权力"(infra-power)。然而,随着时间的流逝,由于存在着一种依靠创造新的管理方式和惩罚权力而对民众实施"更加严格以及更为持久的控制"(第88页)的要求,"重点放在了后者"(第89页)。刑罚制度已变为了"有区别地管理非法活动,而不是旨在将其彻底地消除"(第89页)。在中产阶级对抗(君主的)法律时能够做的事情,和下层阶级对抗中产阶级时不被允许做的事情之间,有必要进行某种区分。

自大革命以来,改变"公众的非法活动"的"压力"成了中产阶级的"一项基本任务",由于这种保护私有财产的需要,"改革也因此而得以从规划阶段进入形成制度和一系列实践的阶段"(第89页)。福柯似乎是在暗示,监狱改革者的写作仅仅是一项"规划",一种变革的观念。只有当这些观念随着中产阶级对道德改革家理

想的实现而与"制度"联系在一起时,它们才能成为"一系列实践"。 80
但这些人道主义理想只能以最符合中产阶级战略利益的形式来
实现。

现在,这种新惩罚模式所效仿的是中产阶级能够最得心应手
地处理的对象:市场交换,其中,契约是一种文件,它能够保证用金
钱来换取商品或服务。就像福柯所注意到的那样,"在原理的层面
上,这种新的策略很容易陷入普遍的契约论"(第89页),而不是陷
入某种有赖于国王恩泽的观念。一旦交换的模式成了行动的标
准,那么,人们便更容易将过去被默许的非法活动认定为有罪。这
些被默许的非法活动立足于集体性的、口头的、习惯性的假设,而
不是书面的、个体化的、契约性的关系。

这样一来,罪犯现在被认为是打破了他们所默认的契约,这一
契约涉及普遍的行动标准。罪犯不再是君主的对立面,现在,他成
了"整个社会机体"(第90页)的敌人。"惩罚的权力已经由君主的
复仇转变为对社会的维护"(第90页)。占据主导地位的,不再是
作为一种"至高权力"而拥有绝对权威的君主,而是一个抽象的或
普遍化的"社会"。

这种认为社会是被契约(而不是被非正式习俗)所建构的观
念,使惩罚的对象和范围集中于对私有财产的保护。上述观念促
进了一种新的战略的出现,这种战略能够"达到一种更微妙同时也
更广泛地散布于社会机体之中的目标"(即并非稀有的贵族,而是
更普通的工人阶级)(第89页)。福柯谈到,为了管理这个数目巨
大的群体,必须制定"使惩罚技术更规范、更精巧、更具普遍性的新
的原则"(第89页),如此一来,权力的运用能变得更均衡(即这一 81
章的标题:普遍的惩罚[the generalized punishment]),从而使权力
以更廉价、政治上更高效的方式,在新的社会领域得到更广泛的传

播。福柯明确指出,刑罚改革的根本理由,在于同时推动"建构一种新的经济学"(针对资产阶级)和一种"新的惩罚权力的技术学"(针对下层阶级)(第89页)。

看上去,中产阶级建构其社会契约模式的愿望是与人道主义的情感相冲突的。但福柯所暗示的是,这种心灵的呼唤对契约的观念有所助益,因为它同样"包含着一种计算的原则"(第91页),后者在新经济时代的"惩罚的技术—政治学"(techno-politics of punishment)中得到了应用。中产阶级不再像君主那样渴望报仇雪恨,而是希望将惩罚作为一条避免未来犯罪的途径。对中产阶级而言,惩罚犯罪并不是要回溯性地摧毁犯罪的行为,这种惩罚是先发制人式的,其目的在于防止另一场潜在的犯罪发生。这样,在中产阶级利益(希望每个人都能理性地平衡其犯罪的欲望与遭受惩罚的风险,就好像是在计算一场交易的花费与收益一般)与那些希望找到一种非肉体的惩罚方式的改革者之间,便出现了一种契合。

由于社会需要显得宽厚仁慈(因而也同怒火无关),惩罚便不应当是暴力的。然而,惩罚的视觉经验又会引发某种情感反应,这样的情感反应充当了对观看者的一种教训。观众在此就像在前一阶段的恐怖活动中一样重要,但不同于前一阶段的观看者被惩罚的暴力彻底压倒,观众在如今被要求变得"理性",并对自己的同情和情感反应加以计算。

然而,这种"情感"(feeling)与"计算"(calculation)的融合同样带来了某些问题。法官所担心的是,如何处理一种无意识的"激情犯罪"(crime passionel[crime of passion])(第100页),因为这种犯罪在本质上是无逻辑可循的,其发生也不涉及犯罪者对其行为后果的思考。正因为如此,我们不清楚惩罚这类犯罪是否有助于遏制"未来的混乱"(第93页)。此外,关于"最极端的罪行"(第93

页）还存在着理论上的不确定性。惩罚的要点在于防止其他人对犯罪加以效仿，但如果某个类似于鲁滨逊·克鲁索（Robinson Crusoe）的人独自在荒岛上犯下了一桩罪行，那么，是否依然有必要对其加以惩罚？是否只有在其他人潜在地被惩罚所影响的情况下，某种行为才够得上一场犯罪呢？

尽管存在着这些理论层面的担忧，惩罚依然从极端暴力的公开表演，转向了一种更标准化的机制，司法官员试图"使惩罚恰如其分以防止罪行的重演"（第 93 页）。这种转向的结果，是出现了一种符号学的惩罚，一种符码与记号的体系，身体作为一个能够被其他人所观看（或阅读）的表象（representation）领域而得以运用。正如之前的酷刑模式一样，这种新的"符号—技术"（semio-technique）（第 94 页）必须遵循特定的原则。福柯列出了六条原则。

惩罚的严酷程度应当只是轻微地超过犯罪行为本身，这样，惩罚便充当了一种威慑，但却是通过一种看似理性而公平的方式发挥作用（"最少原则"［rule of minimum quantity］）。惩罚应当专注于创造一种观众对惩罚的观念，而不是肉体的痛苦景观（"充分想象原则"［rule of sufficient ideality］——观念由想象所驱动）。惩罚的目的在于让罪犯以及观看者不愿意在将来犯罪，当惩罚得以专门化从而与罪行相一致时，惩罚被认为最具预防作用（"侧面效果原则"［rule of lateral effects］，一种从罪犯向观众的侧向运动）（第 94 页）。

针对一桩罪行的惩罚必须轻易被人们知晓并公之于众。法律必须写入能够被刊印和传播的法典之中，这样，所有人才能超越口头闲聊、流言蜚语和王室法庭的不规范行为所固有的不确定性，而对这些法律加以理解（"绝对确定原则"［rule of perfect certainty］）。

83

惩罚必须以一种遵循普遍共识的方式得以施行:"法官不应使用宗教仪式的方式,而应使用通用的方法,运用所有人都具备的理性"(第 97 页)。宗教法庭对间接证据的使用,被审讯中法庭对"经验研究"(empirical research)的展现所替代,罪行被"推演式"而不是"归纳式"地加以证明。审讯室必须像是一个搜寻科学证据的实验室,它不再取决于某一次认罪的行为("共同真理原则"[rule of common truth])。最后,法律法规应当如此地精确,以防止与君主法典的混淆或模糊。法律法规应当足够完整而连贯,因而不会有"免罪的希望"(第 98 页)存在。惩罚必须与犯罪相一致,尤其因为惩罚是模仿性的,并必须在所有观看者面前重现犯罪的行为("详尽规定原则"[rule of optimal specification])。

这些规则因两个各不相同却又相互关联的结果而造成了压力。一方面,需要有一张能够对所有犯罪行为加以安置的分门别类的表格,然而,另一方面,同样也存在着"按照每个罪犯的特殊情况作出不同判决的需要"(第 99 页)。

这种"个案化"(individualization)在 19 世纪以后将导向一个体系,其中,相较于使罪恶的存在得以证明的制度,一种关于罪犯的人格、欲望和动机的"心理学知识"(psychological knowledge)(第 99 页)将变得更加重要。但在 18 世纪的这个历史节点上,这种"法典—个案化"(code-individualization)(第 99 页)的联系还不是一个主导特征。相反,对"人类学的个案化方式"(第 100 页)的关注依然由这个时期对形成自然史类别的主导趣味所驱使,犯罪的分类学就类似于物种的分类学。这些类别的创立是迫在眉睫的,即使它还不完全清楚如何"将固定的法律运用到特殊的个体身上"(第 100 页)。

因此,这一阶段所面临的最主要挑战,在于如何确立一种带有政治动机的、对非法行为的重新定义,以及一种使惩罚对犯罪而言既普遍又具体的方式。作为结果,两条不同的"使犯罪和罪犯对象化的路线"(第101页)得以提出。其中一条认为犯罪者与社会疏离,将他或她视为一个"不正常的"怪物,一种"自然的野蛮本性"(第101页)。另一条则要求一种"科学的"方法,这种方法可通过"治疗"的方式来度量与犯罪相关联的惩罚效果,从而防止犯罪行为的再度出现。从历史上看,对第一种方法的开发花费了更长时间。至于第二种方法,启蒙运动后期的作者们(启蒙思想家[Idéologues],或思想之力量的早期书写者)致力于发展出一种"关于利益、表象和符号的理论",并将其作为"一种为统治权力的行使所提供的通用的处方:权力以符号为工具,把'精神'当作可供铭写的物体表面;通过控制思想来征服身体;把表象分析确定为身体政治学的一个原则,这种政治学比酷刑和处决的仪式解剖学要有效得多"(第102页)。在此,福柯再次使这种新的"关于精密、有效和经济的权力的技术学"与"那种君主权力的奢侈使用"(第102页)形成了对照。为了使人们理解自己的观点,他援引了法国法学家、哲学家 J. M.塞尔万发表于1767年的文本,以此来阐明在刑罚的话语中,启蒙理性的理想是怎样取代了专制主义原则的信条:

　　愚蠢的暴君用铁链束缚他的奴隶;而真正的政治家则用奴隶自己的思想锁链更有力地约束他们;正是在这种稳健的理智的基点上,他紧紧地把握着锁链的终端;这种联系是更为牢固的,因为我们不知道它是用什么做成的,而且我们相信它是我们自愿的结果;绝望和时间能够销蚀钢铁的镣铐,但却无力破坏思想的习惯性结合,而只能使之变得更加紧密;而最坚固的帝国的不可动摇的基础就建立在大脑的软纤维组织之上。

（第 102-103 页）

不过,在结束这一部分的讨论时,福柯表明,这种"符号—技术"及其理念将很快导向一种"新的身体的政治学"（第 103 页）。然而,不同于作用于身体外部的酷刑/恐惧体系,新的惩罚体系将作用于内在的精神,作用于"大脑的软纤维组织",并将与一种不同以往的（阶级）法则紧密关联。在下一部分中,福柯将对这种"精神外科手术"（mental surgery）的内在机制加以描述。

惩罚的温和方式

福柯继续描述了 18 世纪晚期作为一种"表象的技术学"
（technology of representation）（第 104 页）的惩罚的革新，同时，他也
列举了这种新的惩罚方式的六个主要特征。

第一，惩罚必须显得是自然而非任意的。这个时代的改革者
所期望的是，在惩罚与犯罪之间存在着尽可能紧密的关联，二者互
为镜像，这样，惩罚看上去就不像是一种（君主的）反复无常的非理
性表达，而是犯罪的一种符合逻辑的、冷静而自然的结果。按照一
个改革者的说法，"惩罚不再出自立法者的意志，而是出自事物的
本性"（第 105 页）。这种惩罚不同于酷刑，因为它不再是"暴力
的"。应当存在一种"合理的惩罚的美学"（第 106 页），它具有一种
"符号与其所指涉的对象的透明性……以及一种能够被感官直接
领悟的关系"（第 106 页）。正因为如此，这个时代的司法制度试图
以理性化的方式将惩罚与罪行密切地匹配起来：窃贼应处以罚款，
投毒者应判处服毒自尽，谋杀犯则应处以死刑，等等。如果说，酷

刑所依赖的是君主权力在犯人身体上的粗暴展现,那么,新的惩罚方式则具有一种更微妙的控制特征:"权力在运作时必须隐藏自身"(第 106 页)。

第二,惩罚的符号不能仅仅与犯罪相匹配,它所打击的应当是犯罪的欲望。惩罚的目标,应当是恢复被认为存在于所有人身上的内在的美德,这样的美德只有在导致犯罪的过程中才会遭到削减。惩罚依然是一场力量的表演,但它并不等同于旧式君主制的报复模式,而是意味着尝试恢复个体与生俱来的优良品行。惩罚被设想为需要对残缺不全的犯罪者加以修复。

87　　　第三,如果说,惩罚致力于对个体加以改变,那么,它同样也必须包含一个可变化的层面。因此,便需要有一种审判中的"时间调节"(第 107 页)因素。除非对那些"无可救药的人"(第 107 页),惩罚不应当永远地持续下去,因为一个永久的惩罚将使"罪犯能够复原"的观念化作泡影。因此,惩罚应当根据罪行的不同而具备不同的持续时间和强度。

第四,由于惩罚被期望能给人以教训,因此,与犯罪的个体一样,围观的民众同样是惩罚的目标所在。不同于断头台,惩罚的要点不是在观看者身上造成恐怖和畏惧,而是给他们以教益,并使他们相信,惩罚是合乎理性的。原因在于,首先,罪犯触犯了"社会";其次,既然我们因罪犯对支配一切行为的社会契约的消解而受到了同样的损害,惩罚力量的合理性便体现在它试图对所有人加以保护。"在旧的体制下,犯人的身体变成了国王的私有财产,君主在上面留下自己的印记……而在今天,他将是整个社会的财产,是集体占用的有益的对象"(第 109 页)。惩罚必须对所有观看者都一目了然,因为当罪犯被看成是在为公共利益工作时,比如说在戴着镣铐的囚犯队修缮马路时,"惩罚犯人的集体利益"便得以实现(第109页)。一个"犯罪—惩罚的符号"(crime-punishment sign)(第109页)通过普遍的共同体而得以巩固。

第五,为了实现公共教育的目标并使人们对惩罚心悦诚服,需要通过印刷符号的传播,以及对列队游行的犯人(这些犯人由于使他或她背弃社会的罪行而悲痛万分)加以公开展示,来创造一套新的"颇有讲究的宣传的经济学"(第109页)。在此前的君主制度中: 88

> 儆戒作用的基础是恐怖:有形的恐惧,集体性的恐慌,令观众刻骨铭心的形象,如犯人脸上或胳膊上的烙印。现在,儆戒作用的基础是教训、话语、可理解的符号以及公共道德的表象。
>
> (第110页)

在启蒙时代,公开惩罚并非"旧制度下的那些意义暧昧的节日"(第110页),而应当让公民难以忽视法律,或认识到犯罪使你同社会相分离。因此,公开惩罚中的每一个因素都必须是清晰可见的,且必须像一堂公开课一样被尽可能多地重复。"惩罚应当成为一座学校而不是一个节日;成为一本永远打开的书而不是一种仪式"(第111页)。基于上述理由,任何在私密状态下实施的惩罚都是在浪费公共教育的机会。鉴于此,监狱改革者认为,犯罪应真正成为一个学习的时刻,而学龄儿童则应被带到惩罚的地点,并将其视为学习公民"应怎么做"和"不应怎么做"的公民教育的一部分。

第六,在这些表象的过程中,不能将罪犯视为光荣的或英勇的,这样做将有助于"遏制犯罪的欲望"(第112页)。鉴于此,改革者希望这些举措持续不断地散布在整个社会中,散布在任何犯罪可能发生的地点。"温和的"惩罚将罪犯的身体转化为在充满了

"小型惩罚剧场"的"惩罚之城"(the punitive city)(第113页)中发挥教育作用的书本。在这座惩罚之城中,"在与高尚的楷模直接相对的另一端,人们应每时每刻都能见到邪恶者不幸的活生生的场面"(第113页)。那些教育公众,使之了解犯罪之恶果的符号包括"告示、有标记的各种颜色的帽子、标语、象征物、文字读物等,(它们)不知疲倦地重复着有关的符码"(第113页)。频繁产生的关于惩罚的经验,以及惩罚在每一天的持续进行,使惩罚所带来的教训进入了集体无意识层面。狂欢节式的"公开处决的仪式"也因此而让位于"拥有丰富多彩的场景并更具说服力的严肃的戏剧"(第113页)。

在分节之后,福柯提出了一个他在该部分的剩余篇幅中试图解决的概念问题:在所有的惩罚方式中,有一种方式从来没有被认为"属于具体的、可见的以及'触目惊心'的刑罚方案":监禁(imprisonment)(第114页)。然而,"在很短的时间内,拘留(detention)便成了惩罚的基本形式"(第115页)。监禁在最初被认为不适合充当一种惩罚,因为它缺乏任何针对犯罪的专门性;它是无助于公共教育的,因为罪犯被隐藏在人们的视线之外;它需要高昂的费用来维持;它使人们与其他罪犯长期接触,从而训练其从事犯罪活动;它也会使犯人暴露在看守的专制之下,这些看守是无所不能的国王的现代替身。不同于可见的表象理论,监狱是"隐匿晦暗,充满暴力的可疑之地"(第115页)。如果说,惩罚的要点在于使刑罚的表象在惩罚之城中传播,那么,晦暗、封闭的监狱空间则是无法被接受的。

然而,福柯所追问的是,监狱在19世纪是怎样以一种意想不到而又充满悖论的方式成了"惩罚的基本形式"(第115页),同时,在全国范围内建立形形色色的监狱的计划又是怎样被制订的呢?福柯作出了如下总结:

断头台(在那里,受刑的罪犯的肉体听凭通过仪式表现出来的君主的力量摆布),惩罚剧场(在那里,惩罚的表象能长久地对社会产生作用),被一种庞大的、封闭的、复杂的等级结构所取代,而这种结构则被整合进了国家机器之中。一种全然不同的实体,一种全然不同的权力的物理学,一种全然不同的干预人体的方式出现了。

(第 115-116 页)

因此,在不到 20 年间,1790 年代的革命原则"几乎是在一瞬间"(第116 页)便消失不见,从而使监禁成了适用于从法国到整个欧洲的几乎所有犯罪的标准惩罚方式。要实现这一转变,有必要克服诸多不利于监狱的偏见。在过去,监禁要么仅仅是一种临时举措,人们被拘禁,直到真正的惩罚降临;要么是为妇女、儿童和残疾人(他们的身体无法承受其他类型的惩罚)所提供的一种替代物(第118页)。此外,在公众的心目中,监狱总是与"专横的君主意志"(第119 页)密切关联,人们可能因为当权者的一时兴起而被投入监狱。法国国庆节所庆祝的是公众在大革命爆发时摧毁巴士底监狱(Bastille)的日子。对于改革者而言,拘留是"专制主义的一种特权手段"(第119 页),因而也是无法被一个理性化的社会所接受的。因此,监禁的回归只能发生在这样的情况下,即公众接受了关于监狱如何在一个后君主制社会中发挥作用的另一种解释。

福柯指出,对于现代监狱的这种意想不到的回归与复兴,一个通常的解释是,一些声名远扬的新的惩罚性改造模式在法国之外出现,它们在监禁的目标和程序方面都有所革新。第一个模式是1596 年设立于阿姆斯特丹的教养院(Rasphuis)。在这所监狱中,监狱的管理者(而不是法官)可以依据犯人的良好表现而决定缩短

91

他们待在监狱里的时间;这所监狱为犯人安排了强制性的带薪工作;为犯人的日常活动设置了一张严格的时刻表;并确立了一个奖励与道德鼓励的体系。设立于根特(Ghent)的一所监狱同样强调了工作的必要性,并以此作为教授犯人美德和抵消监狱运营成本的手段。工作成了犯人的道德改造过程中的一种必要的治疗手段,以及将堕落的个体训练为一个更得体的工作者、一个"经济人"(homo oeconomicus)(第 122 页)的方式。这种转变形成了"16 世纪典型的关于通过不断的操练对个体进行教育和思想改造的理论与 18 世纪后半期的教养方法的连接环节"(第 121 页)。

　　惩罚性的劳动,特别是对于那些因乞讨或流浪而被逮捕的人们来说,依然具有"经济上的必要性"(第 121 页),因为它可用于支付刑事诉讼的费用,同时也可用于支付为补偿一部分财产所有者(他们的利益受到了流浪者的损害)而花费的税金;它迫使监狱外的工人接受较低工资而降低了雇主的成本,因为这些工人不得不与监狱中的劳动力竞争;它还降低了政府在社会福利方面的支出,因为只有"真正的穷人"(第 121 页)才有资格得到国家的慈善资助。

　　第二个"教养所"(reformatory)(第 123 页)模式出现于 18 世纪晚期,在这个时期,英国的监狱增加了隔离(isolation)这一概念,并将其视为改造的一个基本组成部分。由于犯人在监狱中组成的"共同体"(community)提供了坏的榜样,因此,需要把犯人们隔离在作为治疗空间的小房间中,使他们进行自我反省,从而一方面改善"道德的主体";一方面又对"经济人"加以训练(第 123 页)。这种隔离使惩罚脱离了前一个体系所具有的社会性。在前一个体系中,犯人在从事公共工作或列队行进时,会有很多时间聚集在一起。犯人不再在一个群体中被公开地展示;反之,服刑人员被截断了与他人的接触,甚至被截断了彼此之间的接触。

最后,也是最重要的是费城模式,"毫无疑问,这一模式是当时最著名的"(第 123 页),因为它与美国的民主制联系在一起,并且不像众多其他新的模范监狱那样很快便遭受失败。其中,最主要的范例是教友派信徒(Quakers)于 1790 年组建的费城的沃尔纳街监狱(Walnut Street Prison)。这个监狱结合了根特和格洛斯特(Gloucester)体系的特征,其中包含强制性的劳动,包含一份关于工作、饮食和睡眠安排的时刻表,包含某些单独拘禁的特征,同时也包含依据良好表现而缩短判决时间的能力。

然而,沃尔纳街监狱还增添了三个意味深长的特征:首先,犯人并没有例行公事地被公众所观看;其次,对于一个需要被监狱当局所改造的因犯而言,监狱是一个封闭的空间;最后,也是最重要的是,监狱是一个用以"发展对每个人的认识"(第 125 页)的场所。当犯人进入监狱时,监狱管理者便掌握了一套关于犯人的罪行、犯罪的环境、警方的调查以及对犯人行为的评估的完整档案。作为管理人员管理犯人的依据,这种档案卷宗"不按照罪行,而是根据所表现出的禀性将犯人分门别类。监狱变成了一个持续的观察所,能够分辨各种恶习或弱点"(第 126 页)。"一整套个体化的认识"所聚焦的"并非犯下的罪行……而是每个人身上隐藏的,并且在被观察的日常生活中表现出来的潜在的危险性"(第 126 页)。作为一个"持续的观察所",监狱成了一个"认识(知识)的机构"(第 126 页)。

在 18 世纪改革者的理念与关于教养所的新兴话语之间,存在着某些相似性和不同之处。上述两者所追求的都并非"抹去一种罪行,而是防止其重演"(第 126 页)。它们想要做的是改变罪犯的未来,而不是完全清除其过去的行动。同样,上述两者都试图通过个体化的惩罚而对罪犯加以改造。

然而,相似性至此终止。"差异表现在了解人的途径,惩罚权力控制人的方法,以及实现改造的手段之中"(第 127 页),同样也表现在"刑罚的技术学,而不是在其理论基础之中;表现在刑罚与身体和灵魂的关系之中,而不在它被纳入法律体系的方式之中"(第 127 页)。

监狱改革者希望了解,哪些符号与表象方式可以在"获得对人的控制"(第 127 页)方面发挥作用,并反过来将其作为一种符号体系来控制公众。现代的"矫正性的处罚机构"(第 128 页)以一种判然有别的方式发挥作用。"刑罚的作用点不是表象,而是身体、时间、日常的姿态和行动;……身体与灵魂,作为行为的准则,构成了此时被建议实施惩罚干预的因素"(第 128 页)。一种"有计划的对于个体的操控"(studied manipulation of the individual),而不是"一种表象的艺术"(an art of representations)(第 128 页),应当成为关注的焦点。

至于所使用的工具,就不再是惩罚规划中"被强化和传播的表象综合体",而是"被反复使用的强制方法"(第 128 页)。所操练的对象也不再是符号,而是涉及"时间表,强制性的运动,有规律的活动,隔离反省,集体劳动,保持沉默,专心致志,遵纪守法,良好的习惯"(第 128 页)。所要达到的目标,不再像之前的监禁模式那样,是重新建构一个能够遵守"社会契约"的主体,而是一种创造"驯顺的主体"(obedient subject)的愿望,这种主体"屈从于习惯、规定、命令和不断对其加以操练的权威,并使这些东西在他身上自动地发挥作用"(第 128-129 页)。在此,主要的目标是监狱的"隐蔽性"(secrecy)和"独立性"(autonomy),而不是让公众去观看与监督惩罚的意愿。启蒙时代的符号的公开展示所形成的"惩罚之城"被"强制性的机构"(coercive institution)(第 129 页)所取代,这个机构是私密的,并且与社会相隔绝。这种监狱体系的兴起因而也标志着"惩罚权力的制度化,或者更确切地说:标志着惩罚的意志"(第 130 页)成为一种获取并有效利用关于罪犯心理之信息的手段。

这样,在 18 世纪晚期,便存在着"三种组织惩罚权力的方式"(第 130 页)。第一种同古老的君主制法律有关,它将惩罚视为一种"君权的仪式"(ceremonial of sovereignty)。这种仪式涉及"运用于罪犯肉体的报复的仪式标志",它公开地展示了"君主及其权力的物质表现",并利用了"在众目睽睽之下所制造的强烈的恐怖效果"(第 130 页)。

第二和第三种体系"都涉及一种认为惩罚的权利应属于整个社会,应具有预防和改造功能的功利主义观念"(第 130 页)。在第二种体系中,"主张改革的法学家……把惩罚视为使人重新获得主体资格的程序",他们避免在身体上留下印记,而是更热衷于"符号,即一系列被编码的表象,这些表象应当能得到最迅速的传播,并能最普遍地为目睹惩罚场面的民众所接受"(第 130-131 页)。第三种典范的监狱制度将惩罚设想为一种"对个体施行强制的技术",以及由管理者所执行的"在习惯、行为中……施展训练身体的方法"(第 131 页)。

在该部分的最后几页中,福柯首次展现了他对权力的三重历史规划(tripartite historical scheme of power)的描述,它们能够以表格的形式绘制出来(见表 2.1)。福柯认为,这些技术学无法被简单地理解为不同法律理论的后果,也无法被理解为特定的机构或道德态度的产物。它们无不以战略的形式得以呈现。然而,问题依然存在,为什么在君权的恐怖、启蒙/革命的表象,以及规训这三种模式中,第三种模式被现代社会所"采纳"? 福柯将在接下来的第三部分中对这个谜题加以解答。

96

表 2.1

时代	惩罚形式	占主导地位的权力	罪犯被视为	过程	对象	场所	结果
旧制度	恐惧/酷刑	君主/专制君主	被征服的敌人	复仇的仪式	被酷刑折磨的身体	断头台	记号(伤痕)
18世纪晚期	惩罚	(启蒙)社会	符号的主体	表象的传播	被表象的灵魂	城市街道	符号
19世纪以后	规训	中产阶级的机构	可以被改造的主体	对身体的操练	被训练的身体	机构	痕迹(灵魂)

第 3 部分

规　训

第三部分是最常被分派给学生阅读的一部分，也是偶尔阅读或通过二手材料来阅读《规训与惩罚》的读者们最耳熟能详的部分。该部分是许多福柯最常被引用的术语或语句的来源。虽然你或许会发现，这是你时常会回过头来重新阅读的部分，但只有当你格外小心地关注该部分之前和之后的篇章时，这种重新阅读才会是明智的。第四部分尤为重要，因为在这一部分中，福柯解释了他在第三部分所描述的大多数技术手段的目标所在。

驯顺的身体

通过描述被规训的现代身体在一个日渐形成的准军事化社会中的定义和演变，福柯展开了这一部分的讨论。他在开篇比较了不同历史阶段两种士兵的理想典范。在 17 世纪初期的旧制度下，一个优秀的士兵能够展现其作为不变对象的、卓越而勇武的体格。在福柯用以描述 18 世纪启蒙运动的"古典时代"（classical age）（古典意指对"古希腊"和"古罗马"的历史与文化的重新探讨，在这个时期，中产阶级开始重新传播关于罗马共和国的事迹，并将其作为代替专制君主制的法律与政治结构的范本），个体的身体作为"权力的对象和目标"（第 136 页），作为一种能够变得更熟练和更有效的身体而被发现。较之一种无法被预先构造的"自然的"力量和良好的"血统"，这种严格说来变动不居的身体被认为更加重要。正如早期工业革命发现了新的生产流程与技术那样，在此存在着一种相辅相成的观念，即个体人（以及社会）能够被更恰当、更有效地加以重构。关于纤尘不染之天性的崇高理想，开始被一种技术上的改进所替代。

回到拉美特里"人是机器"的案例,福柯提出,对作为一个能够"被操纵、被塑造、被训练,(并且)服从、回应、变得灵巧而强壮"(第136页)的对象的身体——即一个被制造的身体——的研究,主要通过两个领域发挥作用:"解剖学—形而上学领域"(anatomico-metaphysical register),它试图详细描述身体的功用,以及"技术—政治领域"(technico-political register),它采用主要从军队、学校和医院中习得的计算和定量方法,使身体变得驯顺而可以操控。这两个作为研究对象的身体领域——一方面是"可以被解析的身体";另一方面是"可以被操纵的身体"——结合起来形成了"驯顺性"(docility)的规划。"身体是驯顺的,它可以被征服、使用、改造和改善"(第136页)。这是一个"两步走"的过程。身体在能够被"征服、使用、改造和改善"之前,必须首先成为顺从和驯服的。

福柯指出,这些"驯顺性规划"(projects of docility)的新颖之处体现在规模、对象及其控制模式上。首先,"驯顺性"作用于较小规模的人群,而并未试图像征服国对被征服国所做的那样,使较大的群体或数目众多的人口变得顺从。其次,其关注对象并非身体的信息或表象,而是身体的力量和动力学。身体并不像它在惩罚时代那样要去"意指",而是要成为"经济的";它必须经过操练而变得高效和训练有素。最后,"驯顺性"创造了一种总体化的监督模式,个体所面对的是一种通过对"时间、空间和活动"的新的使用而形成的"不间断的、持续的强制",这些时间、空间和活动被分割为小的单元,而"活动的过程"甚至较之"其结果"(第137页)更加重要。

以上这三种方法(聚焦于个体;令其变得高效;监督其时间、地点和行动轨迹)结合在一起,形成了福柯所说的"规训"。"规训"这一术语同时意味着对人的控制或训诫,以及作为一个学术领域的"学科"(某种关于每一个身体,关于各式各样的身体的知识将生产出来)。对于这种使身体变得驯顺而更有用(增加其实用性[utility])的理论与实践的结合,福柯用"规训"来加以命名。

驯顺性+实用性=规训

尽管以上这些规训方法的特征已经长期存在,但它们以一种与众不同的新方式"在 17 和 18 世纪"聚集在一起,从而迈入了一个新的阶段,而在这一时期,"规训变成了普遍的支配方式"(第137 页)。现代规训在控制身体的方法上与旧模式有所区别。规训不同于传统的奴隶制,因为后者对整个身体加以粗暴的控制:规训以一种更微妙的方式发挥作用,它并没有占用整个身体(就像酷刑那样),因而,也不必像奴隶主那样,对肌肉力量提出尽可能高的要求。规训不同于仆人之于主人的关系,因为正如我们将看到的那样,规训并未包含一种中心化的、国王般的权威声音;规训在更大程度上是去中心化的,是弥散的和无所不在的。规训不同于封建农奴制,因为它并未寻求一种公开展示的、对于领主的"效忠的仪式性标记"(第137 页)。最后,规训也无法同禁欲主义相提并论,后者所追求的是"弃绝功利,而不是增加功利"(第137 页);修道院希望个体放弃他或她的身体,并弃绝对身体的使用,规训则希望个体使他们的身体变得更加有用。

规训所寻求的是一种新的"支配人体的技术"(第137 页),这种技术创造了一种顺从与生产力之间的相互建构关系。"规训既增强了人体的力量(从功利的经济角度看),又减弱了这些力量(从服从的政治角度看)"(第138 页)。规训不仅使身体做更多事情,同时也使获取有用劳动力的过程变得更容易控制。

　　由此出发,福柯越来越多地表露出自己的观点,即在资本主义与规训之间存在着一种基本关系。他坚称,规训是资本主义兴起过程中的一个关键的、尽管在过去遭受忽视的方面。"规训的强制"(disciplinary coercion)保证了以资本主义利润为目的,从工人阶级那里"将劳动力和劳动产品相分离的经济剥削"(第138页)。对于马克思而言,利润来源于转变生产方式,通过对劳动者加以剥削而创造一种新的剩余价值。而在福柯看来,规训是这样一种政治与社会机制,它有助于实现中产阶级社会所赖以维系的经济控制。原因在于,通过提升劳动者制造利润的能力(有用性),规训提供了对劳动者加以控制(驯顺性)的技术。经典马克思主义批评把政治视为经济的单纯反映。福柯则暗示,经济与政治两者不可避免地纠缠在一起,同时也相互确证,而并非一方依赖于另一方。"如果说,经济剥削使劳动力和劳动产品分离,那么,我们也可以说,规训的强制在身体中建立了能力增强与支配加剧之间的聚敛关系"(第138页)。福柯并未替代马克思主义的分析,而毋宁说是以马克思主义为基础,并对其加以改进,从而恰如其分地阐明了资本主义是如何对个体加以掌控的。

　　规训并不是一个中心化的支配体系,它是分散而不连续的:

　　　　这种新的政治解剖学的"发明"不应被视为一种突然降临的发现。相反,它是由许多往往不那么明显的重要进程汇合而成的,这些进程起源各异,领域分散,相互重叠、重复或模拟,相互支持,它们因各自的领域不同而相互区别,它们逐渐汇聚在一起并产生了一种一般方法的蓝图。

　　　　　　　　　　　　　　　　　　　　　　　　(第138页)

上述这些特征首先在中等教育中出现,然后再进入初等教育,接着进入医院,并最终进入军队。规训的这些特征在以上不同机构中的传播速度总是各不相同,时而迅速、时而缓慢。但是,"几乎在所有的情况下,人们采纳它们都是为了适应特殊的需要,如工业革新,某种传染病的再度流行,来复枪的发明或普鲁士的军事胜利"（第 138 页）。

102

福柯暗示,在这一现代权力通过某种"去中心化网络"(decentralized network)而发挥作用的论断中,核心内涵在于,不仅仅存在着一种可以被推翻,从而使民众得以解放的力量(例如国家);相反,我们被锚定于一个包含众多微小节点的毛细血管式网络之中,每一个节点都有助于建构我们的从属关系,如果其中某一个节点无法实现目标或遭到拆解的话,这个网络同样可以被弥补。对于福柯而言,较之传统政治学的见解,战场的数目要更为巨大。

在论及自己的研究方法和研究范围时,福柯谈到,他并不打算书写"具有各自特色的不同规训机构的历史";相反,他希望"基于一系列例证来勾画某些最易于传播的基本技术"（第 139 页）。他在第 141 页的脚注中表示,自己的例证从"军事、医疗、教育与工业机构"（第 314 页）中搜集而来。正如福柯所指出的那样,"本来还可以从殖民活动、奴隶制和儿童教育方面选取别的例证"（第 314 页）。这条注释及其内涵引发了大量的争论,因为它可以被解读为暗示了帝国史与性别史只不过是无足轻重的东西,而种族和性别则不包含值得探讨的特定层面。虽然这一点或许不是福柯想要表达的,但这条相当草率的脚注无疑不能给人以多大帮助。

福柯没有对不同机构的历史作出精细的描述,而是专注于在他看来贯穿于这些机构之中的某种普遍趋势:一种关于控制的"新的微观物理学"(new micro-physics)（第 139 页）,它以小规模

103 的、通常不引人注目的方式遍布整个社会。福柯将主要聚焦于作为其典型范式(相对于其他人而言)的监狱。

　　回到对规训之独特性的分析,福柯坚称,规训是一种不同寻常的权力形式,它通常很难被辨识。规训的施行者全神贯注于细微的、看似不甚重要的事物,因为他们意识到,通过对微小事物的控制,权力能够更有效、更畅通无阻地加以实施。"规训是一种关于细节的政治解剖学"(第139页)。福柯承认,早在"神学和禁欲主义"(第140页)之前,"对道德义务和政治控制中细节的功利主义合理化"(第139页)的某些特征便已在历史上存在,但他认为,令人耳目一新的,是世俗社会对"使细节具有生产性"的重视。他用以展现这一点的人物,是拿破仑·波拿巴这一新的国家控制形象。福柯之所以在此引入拿破仑,是因为这位将军代表了随着帝国崛起而出现的法国社会的军事化:"拿破仑并没有发现这个世界;但我们知道,他打算组织这个世界;他希望在自己的周围设置一个能使他洞察国内一切琐细事件的权力机制"(第141页)。

　　在转向福柯对规训的概述之前,同样值得一提的是,福柯常常回溯到教会神学,并以此来展示现代规训的初始面貌(而非功能性的世系)。他之所以这样做,部分原因当然在于,法国是一个天主教占主导地位的国家,因此,所有的法国历史学家最终都将着眼于教会的档案文件。然而,这样的姿态同样与历史社会学中的一种常见观点背道而驰,这种观点在马克斯·韦伯(1864—1920)的《新教伦理与资本主义精神》(*The Protestant and the Spirit of Capitalism*)中

104 得到了最清晰的阐述。这部著作认为,新教是资本主义兴起过程中的一个关键环节。《规训与惩罚》可以被解读为拒斥了这种狭隘的宗教阐释。为了降低新教的重要性,福柯使用了许多来自天主教作家和机构的例证,并以此而展示了替代性的路径。更重要的

一点是,福柯将规训的起源指认为世俗机构的兴起,同时,他也并未将宗教文化视为变革的主导力量。

至此,福柯描述了规训的四个不同层面,它们涉及控制、分类,以及对空间、时间、人类发展及其动力学的规划。首先是"分配的艺术"(the art of distributions),它涉及对"空间中的个体"(第 141 页)的组织与固定。在此存在着各种各样的技术。第一,个体必须被封闭、被收容在密不透风的空间之中,如兵营、学校和工厂。这些空间完全被围在高墙之内,以限制或监督个体出入指定区域的活动。这种空间形态的典范,是与公众视野相隔离的修道院的小房间。分配的艺术的目标,在于对空间加以控制,以防止出现叛乱;在于将流浪大军固定下来;在于对劳动力的配置加以掌控,并将其固定在理想的位置上。

第二,这些封闭的空间将被分隔(partitioned)为越来越小的单元。之所以要制造一个分离的、排他的空间,其目的是防止那些应当被支配的人们聚集成群体,而这些群体的活动是无法被确定或控制的。这是一种"制止开小差、制止流浪、消除冗集的策略"(第 143 页)。下层阶级的交易与集会将被打破,同时,人们将以种种方式被安置,从而令自己在任何时刻的行踪和活动都可以被轻易知晓。隔离所导致的是一个"可解析的空间"(analytical space),较之码头一类未经充分规划的社会交往空间,这种空间有利于实现更充分的监督。绝不应允许下层阶级拥有聚会的场所,因为在这样的场所中,他们也许会危险地传播某些政治观念,并偷窃物品。

第三,空间也应当成为"功能性的场所"(functional sites),它不仅使人们更容易被单独地加以监督,而且还使身处这些空间中的人们在经济上变得更"有用"(第 144 页)。空间被认为是"有益于医疗的",它能够安置个体,以确保其"更好地"发挥作用,也就是说,它可以使个体较之从前更有效率。这种空间形态的典范是劳动力的产业分工,工厂的某一部分只对商品生产中的某一方面负责。自由主义经济学家亚当·斯密(1723—1790)称赞这种劳动分工提升了工人的效率,而马克思则将其视为 18 世纪晚期和 19 世纪资本主义转型中的一个决定性环节。福柯同样认为,"大工业的崭露头角"取决于通过空间分隔而出现的"生产过程的分割,劳动力的个体碎片化"(第 145 页)。功能性的空间通过在二维表格或栅格图形上标示而变得清晰可见。

最后,空间必须包含一种等级(rank)(第 145 页);它必须被划分为可以互换的单元,这些单元总是以一种等级序列而被组织。个体的价值由它们在"系列空间"(serial space)(第 147 页)中所处的位置决定,而这也成了鼓励他们去做更多事的一种方法。在这里,福柯的例证是被划分出不同座位的教室,被认为更聪明或更值得培养的学生相对于其他表现不佳者而得以安置。

106　　　　福柯以耶稣会大学为例来对此加以阐明,这种学校用古罗马名来描述其"竞争—诱导"(competition-inducing)的等级序列。他谈到,"我们不应该忘记,一般来说,在启蒙时代,罗马模式具有两种作用:从它的共和国形象来看,它是自由的体现;从它的军事形象来看,它是理想的规训模式"(第 146 页)。这句话触及福柯对反贵族的共和主义启蒙运动的固有矛盾所作出的批判。推进启蒙运动和法国大革命的中产阶级试图借助罗马共和国的历史案例来对自身加以合法化,但福柯却提醒我们注意,这样的共和国依然成了一个军事帝国。福柯再一次希望表明,"理性"(知识)总是与"力量"(权力)紧密关联。

福柯暗示,这样的双重模式所导致的,是拿破仑在法国大革命中登基称帝的必然性。除了对中产阶级平等口号所暗藏的力量加以批判之外,福柯似乎还提出了一条含蓄的评论,这条评论指向了俄国革命在质疑中产阶级正义以及伴随资本主义经济倾覆而出现的其他制度上的失败。这种含而不露的批判的功用,在于对法国共产党加以反思,后者是/曾经是极度斯大林主义的,并由于不支持"1968 年 5 月"的学生运动而遭受谴责。在更广泛的意义上,福柯似乎有兴趣回顾 1960 年代以来的社会运动为何无法取得成功,他通过观察其他失败革命(如 1790 年代革命)的历史而做到了这一点。

107

在对空间的分隔加以总结时,福柯谈到,"规训创造了既是建筑学上的,又具有实用功能的等级空间体系"(第 148 页)。分配制造了:

单人密室	建筑学上的空间	固定位置并防止循环流动
场所	功能性的空间	为场所打上一种象征性价值的印记
座次	层级化的空间	使个体变得顺从

将所有这一切集合起来的手段是利用一张表格。"制定'表格'是 18 世纪科学的、政治的和经济的技术所面临的重大问题之一"(第 148 页)。"表格既是一种权力技术,同时也是一种知识规则"(第 148 页),它具有可操纵和可管理的特性,当权者将其视为一种工具,以聚集大规模的人群,从而提高生产力。这种由空间分隔所产生的权力,称为"分格的权力"(cellular power)(第 149 页)。表格的权力来源于"在相辅相成的运作中,两个因素——分配和解析,监督和理解——是怎样不可分割地关联在一起"(第 148 页)。重要的是,这种表格的策略有助于对个体和群体加以控制:"规训的策略是以单数和复数的联系为基轴。它既允许对个别作特征描

述,又允许对既定的复杂事物加以整理"(第149页)。

　　在空间的分隔之后,规训的第二个方面涉及时间以及"对活动的控制"(control of activity)(第149页)。正如在空间部分那样,福柯详细阐述了对时间的规训式调度所具有的同样数量的特征,这些特征中有很多都呼应了马克思在《资本论》中的论述。

108　　在这些特征中,最首要的是时间表(time-table),即对时间的数学上的组织,类似于几何学的表格对空间的组织。时间不仅在使用方式上得到了详细阐述,同时也被转换为序列化的活动,它受到持续不断的监督,从而通过排除干扰而构成了"一段充分利用的时间"(第150页)。这样的合理化创造了一种"时间—工作"的规训,自机械工程师、咨询顾问弗雷德里克·温斯洛·泰勒(1856—1915)研究工厂的工作流程,并将其分割为更小、更有效率的步骤,以创造更大规模的劳动分工之后,这种规训常常被称为"泰勒制"(Taylorization)。福柯再次将这种对时间的使用追溯到"宗教的秩序",但他也注意到,"规训改变了这些产生它们的时间管理方法……依靠使这些方法变得更加精细。人们开始按照一刻钟、按照分、按照秒来计算时间"(第150页)。

　　实用性因此由"动作的时间规定"(temporal elaboration of the act)(第151页)所制造,它赋予身体动作一种被时间所操控的价值。随着"时间渗透进身体之中,各种精心的力量控制也随之渗透进去"(第152页),将会出现的是一整套规划——即一种"关于行为的解剖-计时图"(第152页)——它规定了做任何事需要花费的时间,既不多,也不少。

　　第三,存在着"身体与姿态的关联"(correlation of the body and the gesture)(第152页),身体被教导以特定的精确方式行动。我们通过一种"体操"(gymnastics)而得到了训练,这种体操涉及我们应当怎样控制我们的躯体,并构造我们的身体姿态,从而达到时间规训的前两个方面所要求的高效和守时。

第四,这种规训意味着使人们通过一种新的"身体—对象的联结"(body-object articulation)(第 153 页)与对象相互作用,在这样的过程中,人们开始与"无生命"的过程结合在一起,而不是对其加以控制。福柯的例证来自军队,尤其是军人对来复枪的使用,然而,这种行为的驱动力又来源于"与生产机构所建立的强制联系"(第 153 页),福柯借此所表示的,是那些确保工人与机器的节奏相融合(而不是彼此分离)的方法。身体将会像一部机器一样。借用军事理论家的说法,福柯将这种对身体的训练称为"操练"(manoeuvre)(第 153 页)。身体不只是被开发,它还受到了强制性的教导,从而屈从于一种机械化的"生产机构"。规训权力使身体与对象在一种新的关系中得以结合:"在身体与其对象之间的整个接触表面,权力被引进,使二者啮合得更紧。权力造就了一种身体—武器、身体—工具、身体—机器的复合体"(第 153 页)。

时间的最后一个方面是"彻底的使用"(exhaustive use),"禁止游惰原则"或浪费"由上帝计算,由世人付出"的时间(第 154 页)。浪费时间是一种"道德犯罪和一种经济欺诈"(第 154 页),之所以是一种经济欺诈,原因在于,按小时支付薪水的雇主把不干活的工人看作在"盗窃"时间,这些时间本可以用来为雇主创造更多财富。

继这些对时间与空间的分隔之后,福柯强调了规训的第三个方面——人的发展。他多少有些笨拙地将这种发展过程称为"创生的筹划"(the organization of geneses)(第 156 页),他以此表示,个体被安置于一条个人发展的路径之中,这条路径将使她或他变得更有用、更具可控性、更富于生产力。这便是渐进式演化(创生)的意识形态,人性按照一张进度表而变得具有生产性。

110　　　这种对个人发展,对"每个人的时间"(第157页)的筹划,通过四种方式而得以实现。第一,时间被划分为连续性的片断,这些片断必须在一个特定的时间点结束。第二,这些片断被安置于一个分析性的规划或序列之中,它们按照难度或复杂性的递增而一个接一个地排列。第三,每一个时间片断都将以一次考核而告终,这一考核使管理者可以对每一个人加以区别、分等和归类。最后,在这种等级的排列之后,每一个人都将获得一个角色以及一系列的操练,这些操练与他们在等级序列中的位置相匹配。

　　　这一过程的最清晰例证,同时也是本书的许多读者最容易辨识的例证,是学校中的"分解性教育"(analytical pedagogy)(第159页)实践。在创造发展性的时间和空间的过程中,它坚持通过"线性的"、"进化的"(第160页)时间来对我们的发展加以评判。我们年复一年地从一个层级过渡到另一个层级:

> 　　连续活动的"序列化",使得权力有可能控制时间:有可能在每一时刻进行具体的控制和有规律的干预(区分、矫正、惩罚、消除)……分散的时间被聚集起来,从而能够产生一种收益,并使可能溜走的时间得到控制。权力被明确地直接用于时间;权力保证了对时间的控制和使用。

(第160页)

我们或许也会联想到自己所面临的制作一份简历的压力。在制作简历时,我们必须保证,我们的整个生涯都能够以一种有效的方式来说明,这种说明可以为我们下一阶段的发展或晋升提供理由。

111　一份糟糕的简历是存在着未经解释的空缺的简历。

福柯所暗示的是,以上这些程序同样与一种更大规模的控制融合在了一起,因为"18世纪的两个重大'发现'——社会的进步和个体的创生——或许是与新的权力技术相关联的"(第160页)。至此,一种新的历史也便成为可能,它不是一种"重大的事件"的历史,而是一种"持续不断的进化"(第161页)的历史,是一种文化发展的历史。福柯将每一个时刻与不同的"征服技术"(techniques of subjection)联系在了一起:"持续进化的'动力学'(dynamics)取代了重大事件的'宗谱'(dynastics)"(第161页)。尽管福柯并未明确谈论其暗示性意涵,但以这样一种方式而产生的文明发展观还是被用于支撑下列论点,即非欧洲社会被认为"落后于"欧洲社会,但它们可以通过训练而接近更"先进"或"发达"的社会。这种论断同样为社会达尔文主义(social Darwinism),尤其是为优生学(eugenics)和种族退化论(theories of racial degeneration)奠定了基础,因为它在当前有可能制造差异,从而将人们视为大体上沿着进步的历史前行。福柯将这些处于个体线性发展中心的程序称为"操练"(exercise),不过,这是一种永远也不会走向尽头的操练:"操练变成了有关身体和时间的政治技术中的一个因素,它不是以某种超越为终点,而是追求永无止境的征服"(第162页)。

规训的第四个,也是最后一个方面,涉及"力量的编排"(composition of forces)(第162页),所有分离的部分或片断都以一种有效的、具有生产性的方式组合在一起。通过对马克思《资本论》的直接引用,福柯比较了军事技术和资本主义劳动的关系,在这种关系中,处于彼此关联的单元之中的工人的大规模"协作"(第163页),使一大群工人的劳动力超过了作为其部分的单个劳动力的总和。在此处的理想典范是机器,马克思将其界定为一种结合在一起的工具体系。同样,一部社会机器必然由一种"力量的精细结合"所制造,这些力量通过一种"精确的命令系统"(第166页)而得以组织,这种命令系统在理想情况下由清晰而简洁的符号所引导。福柯在此无疑以马克思为基础而建构了自己的"规训"理论："规训不再仅仅是一种对身体加以分配,从身体中榨取时间和积累时间的艺术,而是把单个力量组织起来,以期获得一种高效率的机制"(第164页)。这种力量的编排包含三个方面。首先,个体的身体被塑造为一部社会机器中的一部分。其次,时间本身也像机器那样发挥功用。最后,这种结合在一起的体系"要求一种精确的命令系统",这种系统包含有助于对身体加以"训练"或"驯服"的"信号"(第166页)。

　　至此,福柯回顾了自己的论点,而这些论点同样能够以表格的形式加以呈现(表3.1)。这张规训技术的表格可以被编写为表3.2的形式。对福柯而言,这些"战术"(tactics)形成了军事化社会的总体战略(第167页)。18世纪"见证了各国彼此较量经济和人口实力的重大政治和军事战略的产生;同时也见证了在各个国家内对身体和个体力量进行控制的精细的军事和政治战术的产生"(第168页)。虽然我们通常认为,启蒙时代所聚焦的是理性和"一个完美社会的梦想",福柯却再次坚称,启蒙时代同样发展了一个"军事化社会的理想",组织起这一社会的并不是关于人性、基本人权以及社会契约的理念,而是"一部机器中精心设计的齿轮",是"自动的驯顺"(automatic docility)与"不断的强制"(permanent coercions)(第169页)。

113

表 3.1

规训创造了	
四种个体性,通过	**四种技术**
单元性(空间的分配)	制定图表(不同群体被包含其中,并受到监督)
有机性(对活动的编码)	规定活动(适当的操练显示了某些标准)
创生性(时间的积累)	实施操练(操练与一种进步的观念密切关联)
组合性(力量的组合)	安排战术(构造了一种新的集体身份)

表 3.2

行为	对象	技术	工具	方法
分配的艺术	空间（建筑学）	单元性	网格平面（单元、场所、等级）	层级监视
创生的筹划	时间（力学）	创生性	操练的时间表	标准化
对活动的控制	身体（解剖学）	有机性	行动的符码	规范化裁决
力量的编排	社会（经济学）	组合性	战术	联合创立的规训机构

　　在此,福柯引用了吉伯特伯爵(1743—1790)这位前革命时期 114的伟大战术理论家的言论。吉伯特伯爵提出了创建一支国家军队并规划一场"总体战争"(total war)的需要,他的立论基础则是罗马帝国/共和国的理想。福柯在不久之后将重返这种关联性。福柯同样也注意到一封出自马克思之手的信件,马克思在信中提出,军事史之所以重要,是因为现代资本主义和中产阶级社会的许多特征,如劳动分工,在最初都来源于军事程序。我们之所以倾向于赞美启蒙运动,是因为它对公共律法和独立公民之理想的捍卫,这一点又通过罗马时代的范例而得以发扬。然而,福柯提醒我们关注的,是罗马的另一个面向,即社会建基于一个

　　　双重的指涉:公民和军团成员,法律和军事策略。一方
　　面,法学家或哲学家正从契约中寻找建设或重建社会共同体

　　的原始模式;另一方面,士兵和规训专家则在共同制定对身体
　　施行个别与集体强制的程序。

(第 169 页)

至此,福柯转向了下一章,从而对这种新的身体强制机制加以
描述。

规训的手段

不同于传统君主制模式对权力的公开展示,规训是一种试图使自身不被关注的技术。规训在一个较小的范围内发挥作用;它在个体而非群体的层面上运作,并使用"微不足道的程序"来创造一种控制的"精心计算的,然而又持续不断的运作机制"(第170页)。规训所采取的三种主要手段包括:层级监视(hierarchiacal observation),规范化裁决(normalizing judgment),以及上述两者在检查(examination)中的结合。

层级监视使个体清晰可见并处于持续的监督之下,从而对其加以强制。层级监视通过构造(建筑学意义上的)空间而发挥作用,这种空间的构造有利于总体化的监督,尤其保证了在监督过程中,观察者始终无法被被观察者发现。福柯的第一个例证是军营,它以几何线条的方式而得以形成,以追求一种"普遍的可见性"(第171页)。随后,军营的布局方式也被引入了城市设计之中。例如,在19世纪中叶,巴黎的街道被重新修建为长而笔直的林荫大道,

"工人阶级居住区、医院、收容所、监狱、学校"(第171页),在所有这些场所中,空间能够彼此嵌入,以获取一种可伸缩的视角,这种视角所提供的是"一种内在的、清晰而细致的控制"(第172页)。

建筑学在如今开始改变,以使建筑物从外面被看见的部分变得更少,并由此而获得了一种君主式的、永恒不朽的表现形态。现在,对建筑物的构造是为了对其内部空间加以组织,以使那些通过监督来"改造个体",并"使个体变得驯顺而易于了解"(第172页)的人们获利。这方面的例证是学校的教室或餐厅,路过的教师无论何时都可以隔着门观察教室里的情况,而在餐厅里,督导教师则被安置于一张可供观察的桌子前。"如果人们忘记了这种工具化的意义,这些机制便只能被认为是微不足道的,这种工具化在使个体行为不断被对象化、愈益被细密划分的过程中是次要的,但也是无懈可击的"(第173页)。

这种"完美的规训机构"(perfect disciplinary apparatus)将建筑转换为一个"显微镜的控制机制",一个"观察、记录和训练的机构",它将带来一种"持续不断地洞察一切的目光"(第173页)。理想的建筑拥有一个中心点,在这里,一只"完美的眼睛"能够洞察一切,而一切有待评判的对象也都在此汇聚。然而,问题在于,如何建造一座建筑来实现这种光学上的支配。正因为如此,环形建筑在这一时期往往颇受欢迎。在福柯看来,这种建筑类型所表达的是"某种政治的乌托邦"(第174页)。

不过,对于新兴的大型工业厂房而言,视觉管理问题尤其是一个挑战,当这些厂房变得太大时,甚至一座环形建筑也将不再生效。旧式工厂所拥有的是一种外部监督机制,巡视员可进入厂房并进行检查。然而,由于"生产的机制日益扩大和日益复杂,以及工人数量的增多和劳动分工的细密",组建一支从内部加以管理的团队便成为当务之急:他们是一些由专门指派的工人所组成的"专业人员",主要负责监督生产的整个流程(第174页)。福柯指出,这种"管理者-工人"对其他人加以监督的"新的监视制度","与工业生产、私有财产和利润体系密不可分"(第175页),这样的状况在那些因过于庞大或拥挤而不适合设置"中心化观察点"的建筑物中表现得尤为明显。

福柯再次引用了马克思在《资本论》中的论述,这些言论涉及"管理、监督和调节工作"是怎样"变成了资本的一个职能",而"一旦成为资本的职能,它就获得了特殊的性质"(第175页)。对劳动者加以监督的目的,不仅仅在于使他们变得驯顺,同时也在于使他们更具生产性,并能带来更多的利润。

这种新的内部管理监督方式,首先在工厂中发展起来,随后被引入了学校,一些学生被挑选出来以监督其他学生。"分层的、持续不断的、功能性的监督"(第176页)或许不是在18世纪被发明的,但在该时期,监督成为一个完整体系的组成部分,从而被转换为某种类似于机器的东西。这种光学技术的备受争议之处在于,由于它只是"观看"而并未"接触"身体,它的运作看上去便与"力量或暴力"无关,甚至在它对人们施加一种更微妙的"身体"控制时也是如此(第177页)。

在这里,福柯阐明了自己对现代权力形式之运作方式的见解。其中尤为重要的是两个方面:第一,规训权力是一种"关系网络"(network of relations),它的移动是"自上而下的,但在某种程度上也是自下而上和横向的"(第176页)。这是福柯对现代权力的定义之所以有别于其他理论家的重要限定条件,这些理论家所强调的是权力"自上而下"的压抑性特征。第二,规训权力"并非作为一个物而被占有";相反,"它是作为机制的一部分而发挥功用"(第

117

177 页)。至此,福柯再次远离了其他权力观念,尤其是远离了将权力视为特定群体(如中产阶级)之"财产"的马克思主义传统,并代之以自己对"一种关系性权力"(a relational power)的构想,这种权力"无所不在,无时不警醒着"(第 177 页)。更重要的是,对权力的这一定义可以解释,总体权力有限的个体,是如何在自我屈从的同时也让他人屈从。福柯采用金字塔的空间隐喻来暗示,现代权力或许拥有一个"头",然而,个体却被更广泛地分布于权力的领域之中(第 177 页)。或许,这两种不同的权力模式可以在图 3.1 中得到形象化的展示。

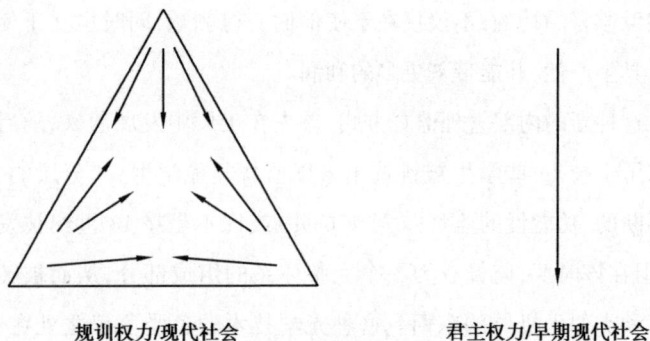

规训权力/现代社会　　　　　　　　　　君主权力/早期现代社会

图 3.1

　　这种视觉的支配之所以出现,是因为它与一种规范化裁决(第177 页)的关联。在这种规范化裁决中,个体同时受到了观察与评估。一旦我们进入一个被观察的空间,我们便受到了一种目光的支配,这种目光试图确保我们表现良好,并遵循特定的行为规范。这样,视觉便成了一种中介,通过这种中介,我们的行为能够被持续不断地评判,这不仅是因为我们的所作所为可能会破坏规范,同时也因为我们有可能无法达到一定的标准。我们必须遵循的是这样一条律令,它迫使我们去适应某些规范,而不仅仅是遵守规则。这是一种新的处罚类型,一种"内部处罚"(infra-penality)(第 178 页),

它在那些不直接同法律相关联的领域内发挥作用。规训机构开始通过"一整套微观处罚"（a whole micro-penalty）加以运作，这种微观处罚所涉及的是行为、习惯、性行为、言谈以及身体姿态（第178页）。规训机制同样也通过微小的羞辱行为而发挥作用；它们试图进入我们的内心，并使我们害怕变得与众不同。

这样，"规训式惩罚"（disciplinary punishment）便成了"矫正性的"（corrective）（第179页）：它之所以对我们加以惩罚，是为了使我们遵循某些行为模式，它是一种训练的策略："惩罚也就是操练"（第180页）。这种方法之所以大获成功，是因为它赋予行为以价值，这些价值涉及与某种奖惩体系挂钩的"好"和"坏"的清晰对立，在这个奖惩体系中，我们可能会具备的优点或缺陷取决于我们与规范相关联的行为。

这一规训程序将五种独特的运作方式结合在了一起：它促使个体基于一个较大规模的群体而加以比较，个体依据对规则的依附程度而彼此区分；它使这条规则成了人们需要达到的一个最低限度、一个平均标准或最理想结果（既不太过高于，也不太过低于这个平均值）；它使用数字（"量化的术语"），而不是描述性的说明，来对个体的理想值加以度量；这些数字成为对行为加以约束的规则；它还把那些不符合标准的人描绘为"不正常的"，无论他们在哪些方面偏离了平均值（第183页）。"在规训机构中无所不在、无时不在的无休止的惩戒具有比较、区分、排列、同化、排斥的功能。简而言之，它具有规范功能"（第183页）。

规范化不同于此前在历史上存在的惩罚体系，后者包含一套固定的、必须被牢记并遵循的规约；如今，新的惩罚体系变得更具可塑性和流动性，因为规范由一个不断变化的等级制度所决定，这

种等级制度处于由他人所编织的网络之中。我们所得到的评判并
非基于我们的得失,而是与其他人的所作所为密切相关。在此前
的社会控制体系中,一个人多少可通过不做被禁止之事而避免惩
罚;在规训模式中,一个人必须随时关注自己的行为及个性与他人
的关系。传统模式对非法行为加以惩罚,"规范处罚"则度量"个体
的'性质'"(第 183 页);这就是说,规训权力所建构并针对的是身
份而非行为。

上述状况所引发的是一种经常性的偏执狂症候,即个体不断
将自己的行为和"本性"与被感觉或假定的无形规范相比照。然
而,由于定义规范的群体是不断变化的,很难被理解,也不容易被
认识,因此,我们便始终无法驻足于这样一种稳固的认知,即我们
所做的是正确的事。由于只有能够对所有人加以监督的权威才了
解何为共同的标准,我们就被滞留在了一种焦虑的状态之中,我们
想知道自己的行为是否足够"正常"或恰恰相反。比如说,我们是
吃得太多还是太少? 我们的性欲望可以被接受或不被允许? 如此
等等,不一而足。这种不确定性使我们更依赖医生、教师等权威人
士,他们可以告诉我们,我们的行为、性情或身体状态是否正常。
此外,我们同样开始把规训的功能内化于自己的精神深处,甚至在
监督者缺席的情况下也是如此。我们开始质询我们的"自我",并
以此而探究他们是否属于可接受的"常态"。

如此一来,监督的暗流不仅使个体被计分和分等,被惩罚和奖
励,它还施行了一种"持续不断的压力"(第 182 页),并强加了一种
规范化的欲望。然而,规训式惩罚不希望使个体悔悟自己的罪行,
它甚至也并未试图阻止或压抑恶劣的行为。相反,它希望将我们
的存在定义为对他人具有潜在的负作用(无法达到规范),并以此

为手段,使人们服从,更努力地工作,更驯顺,也更有用。

这种"无休止处罚的微观经济学"(micro-economy of a perpetual penality)同样意味着,因为个体被持续不断的检查所俘获,一种关于个体的"知识的循环"也便得以创造(第181页);个体在如今拥有了一份档案,一份关于他或她偏离或恪守某种可量化规范的传记资料。在现代,"规范权力"变得更加普遍,同时,"与监督一样并且与监督一起,规范化成为重要的权力手段之一"(第184页)。

福柯的案例越来越多地论证了不同社会机构所存在的相似性,其中军队、法庭、学校、医院、监狱、工厂大致可以等同。今天,我们或许可以把收容所或难民营添加到这份清单之中。由于这些规训的节点不断地相互指涉,并常常彼此协作,它们便创造了一个支配的网络,这一网络的每一个中心都在向外辐射,从而将整个社会的方方面面都囊括其中。

在审视(检验)与分级(通过对个人进行测试来进行)的双重意义上,由监督所创造的等级制与对违规行为的裁决在检查中融合在了一起。检查是规训的仪式化活动,它所确立的是一种关于主体的"真理",以及这样一种知识,它将通过个体被分级的结果而给予其一种主体认同,同时也将把个体对象化为可以被进一步操演和训练之物。

福柯认为,虽然人们已经注意到人文科学的发展,及其对我们借以了解事实真相的符号与手段的探究,但很少有人会追问"使能够转变为政治干预的知识得以可能的东西"(第185页)。他将这种把个体信息作为政治支配工具来使用的新趋向描述为一次认识论的"解冻"(thaw)(第185页,这一短语同样出现在第187,191,224页)。这种关于某些坚固的东西慢慢融解的隐喻,对福柯而言

122

颇有些不同寻常,因为他常常与社会史上尖锐的、干净利落的断裂联系到一起。与此相反,他用"解冻"一词来暗示,历史变迁是一个充斥着多个小阶段的缓慢进程,而不是一个巨大的断裂。在此,对微观层面的关注与福柯的总体性论断相符合,即在这一时期的权力构造过程中,显著的变化通过微小的、看似无关紧要的事件的展开而得以加强。

接下来,福柯列举了一些相关机构在例行的"检查"工作中如何发生改变的案例。首先应当提及的是医院向一个"检查机构"(第185页)的转化。医生对病人的探视变得更加规范化,在时间上更为固定,并转换为一种检查行为。医生并不像牧师那样,在发生紧急事件时出现,他的出现更有规律,这样,医生的工作似乎便成了对病人的持续不断的监督,而不是对危机加以干预。以同样的方式,医院成了一个对其他医务人员加以教育的培训机构,上述状况也导致了这座建筑在性质上的改变,它变成了一个知识得以聚集的场所,而不单纯是一个生理修复的所在。

同样,学校"变成了一种不断考试的机构",它"使教师在传授自己的知识的同时,把学生变成了一个完整的认识领域"(第186页)。在前规训时代,一堂考试在训练结束时出现,如学徒制便是如此,而一旦通过考试,你也就摆脱了监督。现在,学校经常性地对学生加以检测,这是因为考试排名作为一个过程,其重要性似乎要超过从教师那里所谋取的最终解脱。

检查同样也是机构内的专业人士维护其权威的手段。医务人员例行的日常检查取代了"非专业的"牧师。这样的检查同时也创造了一种知识(savoir),一种涉及医生的"所做"和"所知"的医学上的规训。医院,作为制度化的空间,成了"医疗'规训'的物质样本"

（第 186 页）。

作为一种技术的检查有三个作用。首先，它"把可见状态转换为权力的操练"（第 187 页）。在过去，被看意味着一种赋权（empowering）的行为。君主对自身的公开展示说明，他应当成为所有人关注的中心，因为他是一切世俗力量的来源。在现代规训时代，被看意味着被剥夺权力（disempowered），可见性（visibility）则标志着屈从于检查的目光。检查是一场个体的"对象化"的"仪式"（第 187 页）。

其次，检查将个体引入了"文件的领域"（第 189 页）；它将人们记录在书面的档案之中，他们的行为，以及相对于其他人的位置，都能够基于假定的规范而被追踪、比较和标记。事实上，档案积累也为按数字编排的规范的确立提供了原始资料。一旦"个体被建构为一个可描述、可分析的对象"，这个对象能够依据其个人发展状况而加以观照，"一个比较的体系将得以建立"（第 190 页），它可以对一个较大群体中的成员加以分类。这些编排个体资料的微妙技术，是创造一门关于个体的"科学"的关键所在。

最后，处于"检查-文牍技术"（examination-documentation）的复合体之中的"书写工具"（第 190 页），将每一个人变成了一个"个案"（一段历史，一个关于非正常的故事），变成了一个异乎寻常的问题，它"必须加以训练、教养、分类、规范化、排斥，等等"（第 191 页）。在前现代时期，普通人往往"无法进入描述领域"（第 191 页），因为当时的社会形态只对涉及国家、军事征服，以及诸如君主这类重要人物的值得纪念的重大历史事件感兴趣。

通过使最小的社会单位，即普通个体，成为引发浓厚兴趣并产生极大魅力的"一种供不备之需的文件"（第 191 页），规训的方法反转了前现代的状况。现在，当一个人被记录在案时，这不会使他显得英勇无畏,或值得用公共庆典和仪式来加以纪念,相反,这将使他转换为一部只适用于非公开的专业评估的个案史。鉴于那些被记录最多的人往往是社会中最弱势的群体;这种文牍技术出现的原因在于,它是一种"对象化和征服的程序",常常作用于"儿童、病人、疯人、囚徒"(第 192 页)。

在从前,一个人拥有越多的权力,他的生平就会越频繁地被"文字报道或形象化的复制品"所记录,或是越频繁地被一个亲族团体单独命名(第 193 页)。这种体制所涉及的是"上升"(ascending)的个体化:个体化的命名意味着对"至高权力"的礼赞(第 193 页)。规训所涉及的则是"下降"(descending)的个体化:命名是一种控诉——个体化的人越是频繁地出现在规训的记录之中,他的力量将变得越微弱。

对福柯而言,这种"个体化程序的历史性颠倒"是"所有使用'psycho-'这一词根的科学、分析和实践"(第 193 页)得以存在的先决条件。这种个体化的倒转所导致的是"用可计量的人的个性取代值得纪念的人的个性"(第 193 页),也正是"可计量的人"(calculable man)在最终成了诸如心理学或精神分析学这类科学的分析对象。

在此,福柯也讨论了这种更广泛的社会转向是怎样在不同文化形态或文类中得以体现。在中世纪,主要的文化产品是与冒险紧密关联的文学叙事诗。在现代,则是小说,是包含一种"对童年的内心探索"(第 193 页)的教育小说(Bildungsroman[关于成长的小说])。这种从"高贵的行为到隐秘的特立独行……从战场厮杀到沉迷幻想"(第 193 页)的转变从属于规训社会的形成。福柯作为例证而引用的,是这样的一个转向,即从早期现代圆桌骑士(Arthurian)传奇中对可见之圣杯(Holy Grail)的寻觅,转变为弗洛

125

伊德的神经官能症病历,及其对精神病人的婴儿期性欲这一隐藏秘密的探索。中世纪史诗中的冒险而今对童年的内在探究所取代,小亨利(Le bon petit Henri)变成了小汉斯(little Hans,弗洛伊德给他的一个病人起的名字);兰斯洛特(Lancelot)变成了施赖贝尔法官(Judge Schreber,弗洛伊德的偏执狂个案研究)。古老浪漫传说中借助外在征服所实现的精神探索,如今则成了家庭罗曼史(Family Romance),后者是弗洛伊德对俄狄浦斯传说的命名,在这段传说中,成年人试图征服的是他们的父母,而不是政治上的他者。

福柯再次告诫我们,不要局限于这样的想法,即个性只是商业资本主义观念的产物,这种观念将社会视为"孤立司法主体的契约结合"(第194页)。这一政治理论的确需要个体的生产,但同样也存在着一种"将个体建构为……与权力和知识相关的因素的技术"(第194页)。政治与经济的自由主义对规训技术的发展提出了要求。

福柯同样坚称,我们不应当将"个体"简单理解为一种"意识形态表象"或一个谎言,因为个体是我们称为"规训"的"特殊权力技术所制作的一种实体"(第194页)。他认为,我们应停止将权力理解为一种消极力量,应停止将权力理解为某些"排斥"、"压抑"、"审查"、"抽离"、"掩饰"或"隐藏"之物(福柯在随后的一部名为《性史:卷一》的作品中,将这样的观点称为"压抑性假说"[Repressive Hypothesis])。在此,他更加简明扼要地指出,权力"生产现实;生产对象的领域和真理的仪式。个体以及从他身上所获取的知识都属于这种生产"(第194页)。

这类似于福柯在早些时候的论断,即通过层级监视和规范化裁决,检查使这样一种技术得以可能,它保证了"分配与分类,最大限度地榨取力量与时间,连续的生成积累,最佳的能力组合,以及随之而来的对具有单元性、有机性、创生性和组合性的个性的制作"(第192页)。

这种把我们的个性表达视为软弱之特性,而非力量之证明的观念,将会使大多数人倍感惊讶。福柯以激进的姿态表示,自1960年代末以来,个体身份的政治学便是一个错误。在现代的规训体系中,我们可以说,被标记为拥有一个身份,是权力被剥夺的一个特征。或许,值得将上述论断与新兴社交网络联系起来加以考量。在互联网上,人们展示出了自己的好恶。这难道不会招致其他人对我们的评判与隐性规范吗?通过对我们的个性加以公开展示和持续不断的记录,我们难道就不会使自己身陷囚笼?[1]

在考察规训技术之后,福柯追问了权力是如何达成这样的效果,并以此作为该部分的总结。他将继续推进,以阐明某一特定实践是如何设法达成它所追求的效果。

---

[1]　很显然,作者在此触及了当代网络社会的某些症候。在互联网这一高度程式化、符码化的空间,主体的每一次行动(以及隐含其中的精神与情感诉求)一经发生,便很快"被裹上一层信息痕迹的外衣"(马克·波斯特语),并通过点击、评论、搜索记录等相对固定的形态而得以显现。美国媒介批评家安德鲁·基恩曾谈到,一位渴望婚外情的少妇在尝试出轨前曾在互联网上寻求帮助并倾吐自己的苦闷,而正是通过其搜索引擎所留存的记录,她的哪怕是最难以启齿的隐私都有可能被他人纵览无余。可见,人们在享受网络空间所带来的快感体验的同时,亦极有可能在不知不觉间将自己的偏好、情趣、动机等暴露于一座巨大的、"全知全能"的电脑数据库之中,从而再度面临某种老大哥式的无孔不入的监控,再度面临一个新版本的"全景敞视监狱"的威胁。相关内容可参见[美]安德鲁·基恩,《网民的狂欢:关于互联网弊端的反思》,丁德良译,海口:南海出版公司,2010年。——译者注

全景敞视主义

对那些从文选中了解《规训与惩罚》的读者而言，这无疑是最耳熟能详的一章。有意思的是，这也是在英文材料中得到最清晰表述的一章，相较于《规训与惩罚》中的其余部分，它的论述更有效地展现了福柯的见解。然而，该部分对明晰性的相对轻易的达成，却常常以牺牲福柯的其他历史与政治观点为代价。在阅读该部分时，务必要将其论断置于福柯其他观点的上下文之中。

通过将瘟疫之城（plague town）同麻风病隔离区（leper colony）加以比较，福柯开始了这一章的讨论。瘟疫之城似乎是现代的，因为它将空间划分为可被出入其中的官员持续观察的网格状区域，从而对人们加以隔离。这样的监督同样以某种对患病者加以归档和登记的体系为基础。通过对隔离的空间加以封锁、分割、观察、评估和归档，瘟疫之城"构成了规训机制的一种微缩模式"（第197页）。尽管存在着这样的"文学虚构"（第197页），它将瘟疫之城刻画为节日般的时空，各种限制在此得以解除，人们可以更自由地生活,亦可以摆脱权威的监视与工作的胁迫,福柯却提出,一种完全相反的状况同样存在,即"甚至是日常生活中最微末的细节"都被权力所组织——这是一种"毛细血管式的"(capillary)权力,它渗透到每个人生活中最复杂微妙的领域(第198页)。

麻风病隔离区所涉及的是一个更单纯的排斥(exclusion)问题,是将患者遗弃在一个永恒流放的封闭空间中,这种做法从本质上讲,是为了让他们消失不见或被人遗忘。相较于通过禁闭手段对打上身体标记的麻风病患者所进行的排斥,瘟疫之城的划分(及其配置与解析)代表了一种截然不同的社会组织与矫正训练模式。麻风病隔离区是一个异类的"纯洁的共同体"(pure community),瘟疫之城则是一个"被规训的社会"(disciplined society)(第198页),它将人们封闭在一份知识采集的档案之中。上述两个空间具有两种不同的权力操练方式。在麻风村,他者遭到了强制性的驱逐与排斥,瘟疫之城则对疾病加以管制,同时作为一种社会融入手段而发挥作用:人们由于疾病的存在而必须不断地自我检查,并在权威人士的审查下"生产"自身的正常状态(在此是没有生病)。

然而,福柯谈到,这些不同方案中的举措在19世纪"逐渐汇集在一起",排斥的空间和"适用于规训分割的权力技术"(第199页)——麻风病隔离区与瘟疫之城——融为一体,并开始应用于诸如"精神病院、妓女收容院、教养所、少年犯教养学校,以及某种意义上的医院"(第199页)这样的机构。在这些机构中,权威人士控制了那些能够用二元划分("疯癫/心智健全;危险/无害;正常/反常",第199页)和强制安排策略来加以区分的个体。人们依据评估状况而得以安置,这些评估将决定他们所必须做的事情。这样,个人通过持续的、个体化的检查而同时被排斥与包容——他们被同时"打上印记"和"改造"(第199页)。

至此,福柯转向了英国功利主义哲学家杰里米·边沁对一座私人监狱的规划,即《全景敞视监狱:或"监视监狱"》(*Panopticon: or, the Inspection-House*,1787)。在这部作品中,边沁(1742—1836)所描述的是利用建筑来确保对监狱、教养所、工厂、精神病院、医院和学校的监视。福柯在此提供了一份关于边沁所倡导的理想监狱构造的文献说明。这座监狱应当是一座带有中心瞭望塔的环形建筑。环绕这座建筑的,是带有背光窗口的单人囚室,这个窗口使光线照进并穿过囚室,从而使犯人对任何监狱中的观看者而言都一目了然。这样,一个身处瞭望塔的看守能够观察这些囚室,同时,由于塔楼的瞭望厅要么被置于阴影之中,要么在视线上被阻挡,因此囚室中的犯人始终无法知晓自己是否受到了监督。如果说,传统监狱意味着封闭囚犯并将其隐藏在暗无天日之中,那么,边沁则只想将他们封闭起来,只是这一次,犯人们被尽收眼底,因而也能够被监视所控制。在这样的规划中,"可见性是一个捕捉器"(第200页)。如此一来,全景敞视监狱使权力的运作得以自动化和非个性化,特别是它不再介意谁处于中心瞭望塔,甚至连瞭望塔里是否有人也压根不再关心。监狱的运营变得成本低廉且更加高效,因为它所依靠的是犯人被观看的感受,而不是武力的威胁。国王的恐怖需要借公共仪式与警卫队来加以展现,全景敞视监狱的规训则只需要监狱中沉默无声的建筑物。

通过将每个人隔离在自己的小房间中,全景敞视监狱消除了犯人们结成(反叛性)群体的可能,它将所有囚犯转变为"被探查的对象,绝不是一个进行交流的主体"(第200页)。然而,全景敞视监狱的"主要后果"是"在被囚禁者身上造成一种有意识的和持续的可见状态,从而确保权力自动地发挥作用"(第201页)。由于始终无法知晓她或他是否被观看,犯人因此"成了征服(他们)自己的

130

本原"(第203页),他们持续不断地对自己的行为加以监督,唯恐在什么时候可能遭到窥视。

　　类似于动物园,全景敞视监狱使主体被划分为不同的范畴或类别。此外,它作为一个"实验室"而发挥功效,这个实验室能够改造行为,同时通过使当权者尝试不同的惩罚方式并分析其能否成功运作,而"对个体加以训练与矫正"(第203页)。作为一个"对人进行试验"的场所,一个"权力的实验室"(第204页),全景敞视监狱甚至将看守纳入其掌控的范围之内,它使监视者本身受到监视,从而消解了有权者和无权者之间的界限。

　　如果说,瘟疫之城的规训似乎只是紧急时期的非常状态,它所对抗的是某种"非正常的邪恶",全景敞视原理则是某种"贯穿于人们的日常生活之中"(第205页)的普遍状态。由于它只需要一座特定建筑来达成功效,边沁宣称,全景敞视监狱能够被应用于各式各样的主体,而不仅仅是因犯;它的方法适用于医院的患者、学校的学生、工人和精神病患者。这就像边沁所描述的那样:"'道德得到改善——健康受到保护——工业有了活力——教育得到传播——公共负担减轻……所有这一切都是靠建筑学的一个简单想法实现的!'"(第207页)这些监视装置的设想一旦出现,便很容易通过不同的机构——"教育、医疗、生产、惩罚"(第206页)——而结为一体,并迅速在整个社会中传播。全景敞视监狱由此被引入,以使规训在"社会的基础"(第208页)上得以扩张,它所充当的是一种"征服各种身体和力量的程序,这种程序必然增加权力的效应"(第208页),同时也摒弃了对一个类似于国王的中心化权威的需要。

　　边沁的理念之所以富有吸引力,是因为它有助于满足对一种廉价机制的需要,这种机制可增强支配大规模人口的权力,并控制公众的反叛。不同于试图通过恐怖场景而产生震撼的旧式君主，全景敞视监狱所展现的是，当规训权力采取私密的方式，并通过包括空间、时间以及规范化评估在内的微小细节而得以运作时，它将变得更具生产性。边沁的规划所仰仗的是"权力的毛细渗透功能"（第 198 页），这种功能摒弃了中心化的权威，并促使权力关系通过微小的脉络和血管而在社会范围内传播。全景敞视监狱甚至会表现为一种浅表化的民主，因为每个人，无论是犯人还是看守，似乎都同样处于这座监狱的光学范围之中。

虽然"边沁的权力物理学"（第 209 页）在欧洲历史的早期便已经开始运作，但通过使规训技术的扩张达到远远超过以往的程度，它所带来的是一个引人瞩目的历史转变。这种权力物理学通过三个过程而造成了规训技术的扩张。

第一个过程是"规训的功能转换"（functional inversion of disciplines）（第 210 页），各种机构被要求生产而非压制社会现象。规训不单单是一种调和危机或控制流动人口的消极手段；它不只是要阻止人们做某些事情。当规训试图阻止军队中的开小差、工作场所里的盗窃或学生逃课时，它意味深长地同一种道德与身体上的训练结合起来，其目标在于创造"有用的个体"（第 211 页），这样的情况在工厂和军队中表现得尤为明显。

第二个过程是"规训机制的纷至沓来"（swarming of disciplinary mechanisms）（第 211 页）。各不相同的机构开始彼此效仿并互相协作，以便通过较小规训节点的聚合而形成一个有机整体。学校、医院与监狱的运作方式不仅愈发相似，它们还作为"在整个社会散布的观察中心"（第 212 页）而形成了一个监视的网络。这个网络固然覆盖了围墙内的人们，但更重要的是，它还将那些处于外部的群体（如学龄儿童的家庭与父母）纳入监视范围。这些机构中的权威

132

人士变得愈发自信满满,因为他们拥有了进入公共领域或空间的权利,上述场所在此前被认为是"私人的",因而不会受到检查者的干预。这些权威人士所渗透的不仅是家庭的私人空间,还包括家庭里的所有(性别化的)活动。除此之外,居民私密的心理状态,他们的行为道德与社会化状况,也越来越多地成了需要被认可的对象。

第三个过程是"国家对规训机制的控制"(state-control of mechanisms of discipline)(第213页)。一个中心化的警察组织得以发展,并开始将不同的机构统摄其中,这样,国家便能够通过与这些不同规训机构的沟通,而对全体居民加以监督。警察扩展了自己在绝对皇权之下所扮演的角色,"给自己的角色——追捕罪犯的司法助手,对阴谋、反抗运动或造反进行政治监视的工具——增添了一种规训功能"(第214-215页)。警察以"自己的武装力量"为支撑,现已介入了"封闭的规训机构(工厂、军队、学校)"所影响不到的地方,即"对无规训的空间加以规训"(第215页)。

然而,福柯坚称,规训不应当与某一特定的机制或(国家)机构相关联,因为它是一种"权力类型,一种运用权力的轨道,它包括一系列手段、技术、程序、应用层次、目标;它是一种权力的'物理学'或'解剖学',是一种技术学"(第215页)。这种新的权力类型为各种机构(如监狱)、权威人士(在学校或医院中)和"以确保规训对整个社会的统治为主要职能(警察)"(第216页)的国家机器所利用。如果说,我们可以很轻易地谈论规训社会,那仅仅是因为这些规训技术已经充斥于整个社会,并充当了各式各样的机构、专业人士和国家官僚体制之间的联结装置。

至此,福柯将一个"公开展示的社会"和一个"监视的社会"加以比较,从而重复了某些自己曾经提出的论点。他宣称,由此看来,今天的我们更多由拿破仑帝国,而不是由古典(古希腊)社会而来。不同于古代社会的宏大场景,依凭其公共生活的强烈性和官能性,现代社会更注重内在世界,并更多地作用于个体而非群体,尽管每一个体都被无所不在的监督所笼罩。

规训社会的形成与一系列更广泛的历史进程联系在一起,福柯所强调的是三个进程,即经济进程、法律—政治进程,以及科学进程。

首先,"规训是确保对人类复杂群体的治理的技巧"(第218页),它降低了自身运作的经济和政治成本;它增强了自身的效应,同时也扩展了这种效应;它还增强了屈从于自身的(教育、军事、工业或医学)机构的驯顺性和实用性。规训之所以能发挥作用,是因为它是一种能以成本低廉的(经济的)方式应对复杂群体的技术;它使(法律-政治的)强度得以最大化;并将经济增长与各种各样的机构联系起来。

"规训的这三个目标"(第218页)满足了资产阶级的需求,这一社会阶层关注两个历史进程所产生的影响。首先是对18世纪下半叶以来的人口增长的普遍关注,以及对大量无家可归的农民与城市劳工的特别关注,这些无家可归者随着被安置于特定机构(学校的发展,大规模军队的出现,医院中患者的增加)之中的人口数量的增长而出现。劳动阶层的人口增长导致流动(失业)人口的出现,从而对中产阶级产生了潜在的威胁。如何才能对这一未分化的流动人群加以控制,并将其转换为一种具有生产性的劳动力?

第二种关注着眼于对资本主义工厂中新的生产流程的管理,这些工厂对利润的增长有着持续的需求。封建君主制时期的旧式生产组织方式无法应对由新技术和新的工作条件所带来的爆炸式

134

135

增长。生产工具（即工业化，但也包括某种更复杂的状态）变得更加繁琐。问题在于，如何管理这些生产流程并使其获得更高利润，同时又避免生产系统陷入自我损毁的境地。

为了超越这种旧式的"权力经济学"（第219页），推进规训之运用的社会利益集团必须对若干问题加以解决。最初，他们不得不解答"密集现象的低效率"这一谜题，即大规模人群相较于传统生产单位却往往效率更低。因此，必须找到一种打碎乌合之众，并以新的方式对人口加以分割和分配的手段。这样，规训的利益集团必须掌控一种"有组织的多样性"力量，同时消解"从它们之中冒出的反权力效应，这些效应形成了一种对想要行使支配权的权力的阻力：骚乱、暴动、自发组织、联盟，以及一切可能建立一种平面形势的东西"（第219页）。为了防止这种横向的联结，规训同时拆解又制造层级化的区分，并以此来扰乱下层阶级的任何可能的社会联系；同时，通过"等级监视，持续不断的等级、评估和分类"（第220页），规训也提高了这些小单元的效率。除此之外，规训力量不动声色地引入了新的权力关系，而并未激起那些被支配者的怀疑。或者，正如福柯所言，"各种规训是这样一些细小技术发明的组合，这些技术能够通过减少权力的不灵便之处来增加人群的有用规模，而为了使人群变得有用，就必须用权力控制他们"（第220页）。

在此，主要的改变涉及"资本的积累"的规训技术与"对人员的集聚加以管理"的规训技术的混合（第220页）。这两个资本主义剥削和规训的过程"是密不可分的；也不可能解决"其中一个问题而否认另一个问题的存在（第221页）（在这里，福柯再次引用了马克思《资本论》中的观点）。资本主义与规训是直接相关的："每一方面都造成了其他方面的可能性和必要性；每一方面都为其他方面提供了一种范例"（第221页）。"资本主义经济的增长造成了规训权力的特殊方式"；这种力量"能够被运用于极其多样化的政治制度、机构和体制之中"（第221页）。

在资本主义之后，对于规训的引入意义重大的第二个历史进程，是资产阶级市民社会的发展及其关于"形式上平等的法律结构"与"议会代表制度"（第222页）的神话。大多数公民的"原则上平等的权力体系"之所以能得以保障，仅仅是因为"实质上不平等和不对称的微观权力体系"（第222页）的发展。这就是说，需要有规训机制来确保公民在某一制度下的顺从，这样的制度似乎是一种平等的权利，并且由两厢情愿的契约所组织。在此，福柯注意到平等主义的花言巧语背后所隐藏的"阴暗面"："'启蒙运动'既发现了自由权利，也发明了规训"（第222页）。如果说，民主或共和社会似乎使权力在下层阶级中得到了更广泛的分配，上述情况之所以可能，仅仅是因为规训从下层阶级手中隐蔽地去除了这种权力。

福柯认为，中产阶级有必要设法建立一个看似公正、理性而均衡的体系，以便颠覆贵族政治与君主政治的社会。然而，中产阶级实际上又不希望形成一个使他们无法对底层阶级加以支配的社会。因此，虽然中产阶级推广了一套关于权利的话语，但这些话语注定只能为他们自己所用，而规训作为一种与平等的公共"法律"相对立的"子法"（infra-law）和"反法律"（counter-law），则被暗中导向了劳动阶层。就平等的法律而言，规训所充当的是一个具有保护性的平衡物，它在不同个体之间创造了一种涉及"完全不同于契约义务"（第222页）之约束的关系。这些约束之所以被构造，是为了使"一个群体无可逆转地从属于另一个群体"（第222-223页），即是说,为了使下层阶级从属于资产阶级。

资本主义和资产阶级市民社会的兴起,是促使规训取得成功的前两个进程,但随着知识分类在18世纪进入新的阶段,同时还出现了第三个进程,它涉及"人的"科学(如心理学、精神病学、教育学和犯罪学)的形成与发展。尽管在这一时期,科学的进步往往与各门学科相对应,因而是有据可查的,福柯却认为,规训(及与之相关的知识生产)同其他学科一样重要。他认为,中世纪的审讯式司法调查同"国家和君主的诞生"(第225页)以及早期经验主义关系密切。在现代,在"关于人的科学"同市民社会与资本主义经济的兴起之间,出现了一种类似的关联性。如果说,公开处决是"宗教法庭支配下的一种程序的逻辑顶点",那么,"把人置于'观察'之下的做法则是浸透了规训方法和检查程序的司法的自然延伸"(第227页)。现代惩罚的特征,在于努力使罪犯的人格,而不是罪行本身成为有待解决的问题;在于关注将在某种程度上成为对这种人格的"矫正、治疗和规范化"的惩罚;同时也在于对"测量、评估、诊断、治疗和改造每个人的各种权威"(第227页)的裁定行为作出区分。但这些规训技术并不仅仅局限于监狱,依凭类似于监狱的机构,以及这些机构中"能够继续执行并扩大法官职能的维持正常状态的专家"(第228页),它们得到了接纳,并在整个社会中弥散。正因为如此,福柯以这样的追问作为结束语:"对于监狱与工厂、学校、兵营和医院彼此相像,难道还有什么值得惊异的吗?"(第228页)

此时此刻,用一张表格来回顾"旧制度的恐怖"与"现代规训"之间的差异(表3.3)或许颇有助益。记住,为了表示强调,这张表格省略了第二个中介性的惩罚阶段。

表 3.3

酷刑	规训
旧制度(早期现代)	现代性
外部的惩罚	内在化的惩罚
被损毁的身体	驯顺的身体,"灵魂"
主要的场所是断头台(公开的"痛苦的仪式")	主要的场所是监狱(对私密性的管理)
景观	监督
惩罚发生于一个集中点	惩罚发生于多个节点
恐惧——惩罚是残暴的	人道主义——惩罚是温柔的
实施惩罚的是:恬不知耻的处刑人(国王-刽子手得意洋洋地向公众展示罪犯的身体)	实施惩罚的是:羞羞答答的体制(众多的"专家"分担了责任)
罪犯的行为受到了惩罚	罪犯的身份受到了惩罚/改造
私下的审讯/公开的惩罚	公开的审讯/私下的惩罚
认罪的行为必须被重复(由主体说出)	关于罪犯的档案被重复(主体被谈论)
刑罚的要点:依靠镇压来遏止公众的反抗	刑罚的要点:依靠对人格的生产来遏止公众的反抗
结束惩罚的是:国王对罪犯的仁慈的宽恕	结束惩罚的是:社会对罪犯的治愈
犯罪被再现为一种对与生俱来、永恒不朽的国王的身体的攻击	犯罪被再现为一种对公民社会(私有财产/作为社会契约的劳动契约)的攻击
犯罪侵犯了当权者	犯罪侵犯了私有财产
刑罚由严父般的国王所组织	刑罚由中产阶级所组织
可见性是权威的标记	可见性是"非正常"的标记
司法调查	规训式检查
地位	阶级

第 4 部分
监　狱

彻底而严厉的制度

在描述了刑事司法的三个阶段之后,福柯转而聚焦于监狱,它是现代规训体系在18世纪末期和19世纪初期及中期的新的重要机构。福柯首先承认,我们或许想知道,是什么使监狱如此令人耳目一新,因为监狱在时间上要早于这样一些规训技术,它们是"一种试图通过施加于人们身体的精确压力,来使他们变得驯顺而有用的机构的一般形式"(第231页)。需要记住的是,这些技术包括如下内容:

> 分配人员,固定他们的空间位置,对他们进行分类,最大限度地从他们身上榨取时间和力量,训练他们的身体,把他们的连续动作编入法典,维持他们的彻底可见状态,在他们周围形成一种观察和记录机器,建立一套关于他们的知识并不断积累和集中这种知识。

(第231页)

　　然而,问题依然存在:为什么拘留成了针对一切罪行的标准惩罚方式？新的"典范性的"监狱——根特监狱(Ghent)、格洛斯特监狱(Gloucester)、沃尔街监狱(Walnut Street)——是这种转变的"最早几个明显可见的点",因为它们关涉到监狱与人文科学的融合。然而,意味深长的是,福柯并未将它们理解为全面的"革新"或具有划时代意义的事件(第231页)。反过来,福柯坚称,监狱史上的引人瞩目的转向,在于监狱贯穿了整个"新的(资产阶级的)阶级权力正在展开的(那些)规训机制的历史……其中规训机制征服了法律制度"(第231页)。这一历史时期巧妙地打着"人道待遇"的幌子,编造所谓的契约制度。福柯认为,新兴的中产阶级发展了一种理解惩罚的新方式,这种惩罚似乎是"平等的",实则不然,它包含着"规训征服的一切不对称性",不对称性在此意味着社会不平等。

　　监狱似乎是一种不证自明、符合逻辑的惩罚方式,而没有任何便捷的替代品,但这仅仅是因为我们生存在一个由中产阶级所操控的社会之中,这个社会将个体自由颂扬为平等的普遍特征。从这个角度看,如果说每个人,无论富贵还是贫贱,都拥有一种与生俱来的自由权利,那么,撤销自由"必然"会成为最公正而平等的惩罚方式。这种惩罚不同于罚款,因为富人在支付罚金时不会有太多困扰。此外,服刑期使被分割的时间获得了一种价值,使其以类似于工资的形式呈现,并参照一种新兴经济制度而对其加以调整。这种经济制度按照工人的劳动时间,而不是按照产品来支付他们的工资。上述经济话语以一种陈词滥调的形式出现,即坐牢的人是在向社会"还债"(第233页)。如此一来,监狱对我们而言便成了"自然的",正如用时间来衡量工资交换是"自然的"一般。如果说,按照个体在市场上自由买卖的意识形态,所有人在法律面前都是"平等的",那么,相较于剥夺某人作为商业代理人而买卖劳动与时间的个体自由,还有什么是更适当而公允的惩罚方式呢?这种惩罚将时间与空间转换为能够被交易的"生命"货币单位。

从中产阶级的视角(其中没有所谓的社会,只有个体的自我利益)来看,如果说,拘留对我们而言似乎是一种"不证自明"的惩罚,这是因为,我们已经将这样一种预设内化于心中,即个体在市场上单独行动的权利比集体或社会所关心的问题更重要。

然而,自19世纪初以来,监狱"对自由的剥夺"便和"对个体的技术性改造"联系在了一起(第233页)。换言之,在监狱中,时间不仅仅是一个弥补社会损失的问题,监狱同样在根本上被理解为一个"矫正性"机构,它试图改变犯人,试图对她或他加以改造。监狱的管理者们想要使监狱成为一种"彻底而严厉的制度"(complete and austere institution)(该部分的标题引用了监狱建筑师路易·皮埃尔·巴尔塔尔[1764—1847]的说法),这种制度占据了犯人生活的方方面面,他们希望监狱成为"全面的规训"(omni-disciplinary),成为一种"(犯人的)生存记录",成为一座教养院(第236页)。

在转变为矫正技术的过程中,监狱成了教养所,成了对人类加以改造的驱动力量。为了达成"对犯人施展的几乎是绝对的权力"(第236页),监狱的改革者们所信奉的是"三种重要模式:实施个人隔离和建立等级关系的'政治-道德模式';把力量用于强制工作的'经济模式';进行医治和使人正常化的'技术-医学模式'。这就是单人囚室、工厂和医院"(第248页)。

第一种模式坚持主张,应当对犯人加以隔离,以便将最大的力量运用在他或她的身上。"犯人应当与外界分离"的观念得以进一步施行,从而使置身于监狱之中的个体彼此隔绝。之所以将犯人分配在单人囚室之中,部分原因在于防止他们图谋不轨并组织叛乱,但这种安排同样也来源于一个被公开宣扬的观点,即只有当犯人被迫在孤独中进行自我反省时,他们才会对自己的罪行感到悔恨。最后,隔离同样也会使犯人变得驯顺,为了谋求福利,他们不得不依赖于监狱中的守卫或管理者,而不是依赖于其他囚犯所形成的网络。

在隔离的实际施行中,出现了围绕美国的两种模范监狱的争论。纽约的奥本监狱(Auburn)允许犯人在一起工作和进餐,即使他们仅仅被准许和看守交谈;费城的监狱制度则使犯人处于完全的隔离状态。但无论是对哪一种制度的采纳,其目的都在于将隔离作为一种"强制施行的个体化"(第 239 页)手段而加以使用。

教养所的第二个方面关涉到使犯人工作,在此,劳动"同隔离一起,被认为是监狱改造的有效手段"(第 240 页)。然而,监狱中的工作问题依然引发了争议。在七月王朝(July Monarchy,1830—1848)时期,爆发了一场有关支付犯人工资的争论。这场争论之所以发生,关键是因为有偿工作无法自然而然地保证道德改造。监狱外的工人反对犯人生产商品以供销售,因为来自低工资的犯人的竞争将危及普通劳动者争取合理工资的斗争。城市中的工人同样抱怨,犯人在享有住房和食品保障的前提下投入工作,而城市的劳动者则无法享有这些待遇(因而也迫使后者在绝境中为保障基本生存而接受低廉的工资,或是在最糟糕的情况下,驱使自由劳动者投身犯罪活动或参与卖淫)。

监狱当局通常对劳动者的抱怨无动于衷,并坚称,作为公共机构中的一条"秩序和规律化的准则"(第 242 页),监狱劳动是必要的,因为它有助于创造机会,以确立层级结构并实施监督。福柯同样认为,监狱劳动从来不意味着有利可图或培养人们的技能,而只是为了使他们在监狱中唯命是从,并教导他们适应监狱外的劳动状况。监狱当局认为,"监狱不是一座工厂",而罪犯在其中工作;监狱是一台"机器,'犯人—工人'既是它的部件,又是它的产品"(第242页)。监狱工厂固然生产商品,但它们同样也改造个体,即"按照工业社会的一般规范而制造出的机械化的个体"(第242页),同时,也为犯人在将来成为工业工厂中驯顺的工人作出铺垫。监狱工厂的目标不仅仅是"制造'机器-人',也是在制造无产阶级"(第242页)。

正因为如此,监狱支付工资并不是要给劳动以酬劳,而是"作为对个体改造加以鞭策与衡量的手段而发挥功用"(第243页)。福柯则在此基础上更进一步,他最终宣称,惩罚式劳动的真正目标并非利用低工资的囚犯所生产的商品来创造利润,甚至也不是训练犯人的就业技能,而是通过"空洞的经济形式"(微薄的工资)、个体的服从,以及"对某种生产机构的适应",来建立一种新的"权力关系"(第243页)。其主要目标,在于确立一种长期控制犯人生活的新方式,这种控制甚至超过了仅仅将她或他固定在新的资本主义经济体制之中。因此,福柯用他很少认可的关于女性的例证来结束该部分的讨论。他引用了对一座女子监狱中工作状况的描述,这种工作状况同处于监狱机构之外的"观念与道德的混乱"(第244页)形成了鲜明对照。他的目的在于强调,作为超越了工厂内部的简单服从的领域,在监狱中,主要的问题是改变个人的品德、态度与个性。

145

这种改变犯人人格的观念涉及第三个刑罚要素,即监禁的长度与性质不应当完全由犯罪的性质所决定,而应当依据犯人在监狱里的表现(以及犯人表现良好的能力)来调整。监狱是这样一个空间,个体在其中被强行消除其犯罪欲望,并通过被医院式的监狱批准释放而展现他们所获得的拯救。当监禁长度的改变由监狱内发生的事情所决定时,一个耐人寻味的转变也随之而出现,凌驾于犯人之上的不再是法官,而是监狱的管理者,他们现在拥有了使监禁长度因人而异而又灵活多样的权威。福柯将其称为"监狱的独立宣言"(Declaration of Carceral Independence)(第247页)或一种新的"惩罚的自主权"(punctive sovereignty),监狱官员由此变得更加独立自主;他们跨过了量刑法官,对犯人行使一种君主式的权力。不过,这种支配犯人的权力是通过对信息加以观察、诊断、定性和分类的机制而获取的。

在论述了"隔离"、"强制工作"以及"灵活多样的审判所具有的治疗功用"这三者的内在关联后,福柯现在可以把现代监狱描述为一座"教养所"(penitentiary),"规训技术"(第248页)被添加到以暂时关押被告人为唯一目标的传统拘留之中。"监狱中拘留之外的领域实际上是由规训技术填充的。而这种司法领域的规训补充物,简而言之,也就是所谓的'教养所'"(第248页)。

看一看福柯是如何利用他的理论术语来服务于自己的论点的。如前所述,他不认为监狱本身是某种新的事物;相反,他声称,当监狱建筑与作为惩罚的监禁同规训技术与特定社会阶层的利益相匹配时,监狱便成了"教养所"。

拘留+(规训技术:隔离+强制劳动+道德改造)=教养所

这种向教养所的转变同样受到了法官们的质疑,这些法官并不情愿将控制权让渡给监狱的守卫。但最终,法官们无法抗拒监狱通过观察将监督和某种"关于犯人的临床知识"(第249页)相结合的方法。到1830年代,边沁关于全景敞视监狱规划的理论著作被付诸实践,很多监狱开始按照这种方式来加以组织,这些监狱被转化为可进行个体化观察和持续不断的文牍记录的"监狱—机器"(prison-machine)。

规训技术与行为档案的结合,使福柯就现代监狱与传统监狱的区别提出了实质性的论点。规训与登记注册的融合,使监狱变成了这样的一个场所,过失犯(delinquent)这一新的主体身份在此从犯人之中产生。通过一整套观察和评价装置,教养所从法官那里接收一位罪犯,再送回来一位过失犯。在监狱的高墙之外,"犯人变成了需要被认识的个体"(第 251 页)。

罪犯是实施某种犯罪行为的人,这样的罪犯必须受到强制性的惩罚(比如说,剥夺个人的自由);过失犯则是拥有某种身份的人,这种身份现在需要面对一种"传记知识和一套矫正个人生活的技术"(第 252 页)。在此,过失犯的整个生活,甚至是犯罪之前的生活,都面向评估而开放。"传记"对于刑事司法史而言非常重要,因为它"将'罪犯'确定为先于犯罪,甚至与犯罪无关的存在"(第 252 页)。传记使罪犯"从心理学、社会地位和家庭教养这三个角度"得以审查,"从第一个角度发现危险的天性,从第二个角度发现有害的定势,从第三个角度发现恶劣的家风"(第 252 页)。行为档案充当了一种"回顾性的预言",它详细记述了导致犯罪的个体特征。它甚至在个人破坏任何一条法律或犯下任何一桩罪行之前便已经创造了一种"罪犯的人格"(criminal personality)。"刑罚话语与精神病学话语"(第 252 页)的路径彼此交织,它们创造了"罪犯的人格"范畴,从而使权威人士可以将一段监狱之外的犯罪的因果关系史公诸于众。"教养技术与过失犯在某种意义上是一对孪生兄弟"(第 255 页),因为这种搭配使监狱当局超越了法官的权威,并同社会工作者和精神病学家等其他制度性权威联系起来。"过

147

148

失犯罪(delinquency)是监狱对司法的报复"(第255页),因为它使监狱能够从法院系统中解脱出来,并与众多其他官僚机构结成同盟。这些官僚机构的运作规则很少被公民发现或得到公民的授权。这样,一个或许是无形的社会基础结构便得以浮现。福柯将其称为一种地下权力(infrapower),因为它不同于国家(及其法律、政治、治安领域)的更易于发现的外部结构。

由于对过失犯的治疗涉及犯人的本能、冲动和偏好等诸多方面,他或她的性格被解释为从属于"带有自然属性的阶层"的结果;监狱为"犯罪的人种志"(ethnography of crime)奠定了基础,这种人种志逐渐发展为"一个系统的过失犯的类型学"(第253页)。通过将犯罪人格区分为不同类型(每一种类型都将在监狱中得到区别对待),监狱当局积累了一套"科学"知识,从而可以将犯人同被酷刑折磨的身体,以及被简单剥夺自由的人们区别开来。将罪犯(某个触犯法律的人)转变为"过失犯"(某个能够被"改造"的违法者)的更重要目标在于,它使监狱官员可以对个人的传记加以审查,从而发现问题究竟出在哪里;同时,通过对个人的生平经历加以探究,同样有可能在罪犯中创立一种类似于动物分类的社会类型与等级结构。通过对过失犯加以分析,你能够判定他们的出生、青春期以及社区关系的背景脉络。因此,"改造"的真正目标在于罪犯所属的社会阶层,即动荡不安的劳动阶层(它在19世纪作为"危险阶层"而声名远播)。当权者如今以一种似乎不带明显阶级偏见的方式,将这个阶层谴责为异端。工人阶级没有被视为一个经济群体,而是被视为一个能够被更轻易地加以塑造的文化群体。

从18世纪开始,便存在着两种对罪犯加以对象化的不同方式。一种将他们视为脱离社会契约的"怪物";另一种则将他们视为"通过惩罚而获得新生的司法主体"(第256页)。这两种模式的差异之所以得以消解,是因为教养所,连同医学、心理学和犯罪学,制造了作为"对象"的"过失犯"。由此出发,一种关于个体和社会(二者都是被玷污的,但又都是可治愈的)的犯罪学的"真理"便能被生产出来(第256页)。由于监狱成了知识的生产者,我们现在可以看一看这种"知识-产品"(即过失犯)对资产阶级社会具有怎样的价值。

通过详尽阐述关于非正常过失犯的真理,教养所甚至能够成为一种"贴标签"的方式,它将一个社会阶层(即工人阶级)标记为非正常的,原因在于,他们并未接纳中产阶级社会的正常行为规范。福柯认为,启蒙时代的监狱改革者(乃至边沁等人)的思想无法对监狱的普遍存在加以解释;冉冉上升的"监狱另有起源——它起源于一种规训权力所特有的机制"(第256页),以及将这种权力作为一种战略而加以部署的社会利益。

这种对非正常的、可知的个体的创造,是现代监狱的实际目标,以及它值得耗费资金的理由。"作为一种高效率的技术,教养活动能够为投入在刑法体系和阴沉的监狱建筑中的资本生产出一种利润"(第251页)。过失犯罪对中产阶级社会的作用,是福柯在下一部分的讨论中将要展开的主题。对福柯而言,任何一段观念史都需要植根于一段社会经济冲突史(反之亦然)。

150

非法活动与过失犯罪

从法律角度来看,拘留仅仅是对个体自由的剥夺。但在一个依照规训目标而加以组织的社会中,监禁则服务于一个迥然不同的目标,这在它试图对个体加以改造时表现得尤为明显。对福柯而言,这场转变中的一个关键时刻,是1837年铁链囚犯队被警务马车所替代。在前一种情况下,犯人依然暴露于大庭广众之下;在后一种情况下,犯人被一辆马车从一处运送到另一处,他们无法被外人看见。

由于穿街走巷的游行变得愈发危险,铁链囚犯队也被国家当局所废止。上述情况之所以出现,是因为这些游行为下层阶级喧嚣的观看提供了可乘之机。随着时间的推移,铁链囚犯队的游行为人们欣赏作为"危险品"的犯人提供了契机,或是充当了面相学游戏(即人们试图通过面容来猜测罪行)的组成部分。无论在哪一种情况下,罪犯都学会了像扮成"超级反派"的职业摔角手那样投围观群众之所好:"当他们通过人群时,他们表演自己的犯罪场景,嘲笑法官或警察,吹嘘尚未被发现的劣迹"(第 260 页)。

随着铁链囚犯队发展成狂欢仪式,它也由"一种惩罚"变成了一项"特权",犯人与其借这个公共性时刻来展示悔恨,不如说将其视为某种通过自我歌颂而获得嘲讽权威之"狂喜"的可能性。通过颠倒等级秩序,并将他们所受的惩罚表现得好像是受邀参加一次快乐的五月野餐,犯人们暗示出一种存在于工人阶级之中的新的精神,一种革命性反叛的精神(一个"政治安息日",第 261 页)。罪犯在游行队伍中唱响的歌曲展现出一种"崭新的音调",法庭的裁决由此而遭到拒斥,而包含其中的道德合法性同样也受到了质疑(第 262 页)。在铁链囚犯队中,犯人躁动不安的精神为下层阶级愤恨情绪的表达提供了"一种象征性的宣泄口"(第 262 页),罪犯在此被视为受到不公正对待的同志,而并非全民的公敌。民众越来越多地将观看铁链囚犯队的嬉闹作为对权威加以嘲弄的安全方式。

由于公众对公开游行的罪犯表示支持,铁链囚犯队很快被封闭的警务马车所取代,罪犯与公众之间不会有任何接触。在封闭的马车中,罪犯被看守监督而不得不保持安静,他们实际上置身于一个规训式的微型监狱,"一个活动的全景敞视监狱"(第 263 页)之中。

在此之后,福柯转向了这样一个论题,从而在历史文献与他自己所处的 20 世纪末期之间建立起了清晰关联。他讨论了监狱为何几乎从一开始就被认为是一场失败,并罗列了六条关于监狱的旷日持久的非议。监狱并没有降低犯罪率;相反,它们增加了导致犯罪出现的诱因,即使罪犯的数量依然保持不变。监狱导致了累犯。获释的罪犯只是再次被抓住并送回监狱。监狱制造了过失犯或惯犯,它使犯人产生了一种对于"监狱管理的专横跋扈"(第 266

页)的愤恨感受,获释的犯人因而也更容易通过犯下更多罪行来谋求报复。这种报复之所以可能,是因为监狱创造了一种特定的文化和"环境,过失犯在其中称兄道弟、讲究义气、论资排辈、形成等级,随时准备支援和教唆任何未来的犯罪活动"(第267页)。获释的犯人发现,他们很难摆脱犯罪生涯(即使他或她希望如此),因为他很难消除监禁所留下的污名。获释的犯人常常无法找到工作或稳定的居所,因而也几乎不可避免地重返犯罪生涯。最后,"监狱把犯人的家庭抛入贫困的深渊,从而间接地制造了过失犯"(第268页)。原因在于,(在通常情况下)作为经济支柱的男性的缺席,使家庭中的其他成员陷入了饥寒交迫的境地,这意味着其他家庭成员可能在绝境中走上犯罪道路。

上述对监狱的非议或许使监狱看上去只需要变得更高效、更具矫正性,或以更低廉的成本运行。然而,不可避免的是,对这些问题的回应是更多的监狱。"在一个半世纪中,监狱总是被当作本身的补救办法:不断强化教养技术,以此作为克服其不断失败的唯一手段"(第268页)。

为了证明这一论点,福柯引用了对1972—1974年法国监狱暴动的回应,这种回应重申了对传统意义上"良好健全的'教养条件'的七条普遍准则"(第269页)的需要:监狱必须改造个体的行为(改造原则[correction]);罪犯必须依照其行为而得以隔离或安置(分类原则[classification]);监禁必须基于罪犯行为而加以改变(刑罚调节原则[modulation of penalties]);工作必须成为"改造犯人和使犯人逐渐社会化的基本要素之一"(第269页)(工作义务权利原则[work as obligation and right]);教育同样是一种义务(教养教育原则[penitentiary education]);监狱本身应拥有专业的监督和管理人员,他们能够在道德上对罪犯进行"教育"(拘留的专业监管原则

［technical supervision of detention］）；监禁结束后的犯人必须接受持续的监督，如接受假释官的监督（辅助制度原则［auxiliary institutions］）。

福柯注意到，"一个多世纪以来，同样的基本命题逐字逐句地得到重申"（第 270 页）。他提出，由于缺乏变化，根据监狱改革的不同阶段来理解监狱是一个错误；相反，他相信，几乎从一开始，随着监狱对个体自由的剥夺，同时出现了四种因素。这些因素包括，通过监狱建筑而引入的一种规训式的"至高权力"（super-power）因素（借一览无余的监视目光而得以体现）；"辅助认识"（auxiliary knowledge）因素，监狱充当了依靠"强制性规章和科学命题"而制造关于犯人的知识的工具；"相反效应"（inverted efficiency）因素，监狱创造了应当被消除的过失犯罪；以及"乌托邦复制"（utopian duplication）因素，改造犯人和革新监狱机构的实践重复了规训的实践（第 271 页）。

福柯在此坚称，正因为这些由来已久的关于监狱的怨言被不断重复，我们才不应将监狱理解为一场将在随后被改进的失败。毋宁说，我们应当承认，监狱的"所谓失败"事实上是它的真正功能（第 271 页）。正如福柯在一个令人震惊的观点中所表明的那样，开放于 1969 年的"模范监狱"拥有和 1836 年的监狱相同的建筑形态。原因在于，监狱的战略性目标是制造"非法活动与过失犯罪"，或更确切地说，是将罪犯改造为过失犯，改造为终身的罪犯。这难道不正是监狱的系统化和可知的"失败"，不正是监狱的一种"因果关系，而并非一种矛盾"（第 272 页）？难道说监禁的目标，以及所有惩罚形式在现代如此决绝地转向监禁的理由，并不是对刑事犯罪加以压制，而是使其得到区分、分配以及更广泛的使用（第 272 页）？

　　为什么监狱体系会希望增加罪犯的生产？对此，福柯的解释是，这种生产对资产阶级统治的确立与巩固具有战略性作用。在18世纪末期，刑罚改革的动力是"反对非法活动的斗争"（第273页）。但尽管存在着福柯在关于惩罚的第二部分所描述的各种规范，一种新的"民众非法活动"还是在1780年和1848年革命之间的各种运动中发展起来。这种新兴的非法活动远比过去可容忍的非法活动更具威胁，因为新的版本已经愈发政治化，并将矛头指向了中产阶级所制定的规范。大革命以来的现代非法活动越来越多地"把社会冲突、反对政治制度的斗争、对工业化的抵触、经济危机的后果联系在一起"（第273页）。在一种新的非法活动模式中，存在着三个层面的政治化抵抗进程。

　　首先，福柯谈到了"公众的非法活动在政治层面的发展"（第273页）。这种视角的转换之所以发生，是因为在这个时期，先前的局部性抵抗行为（如抗交税金、公众对囤积食品者的攻击，以及在资源短缺时强迫商家以合理价格出售食品）成了司空见惯的"直接的政治斗争，其目标不仅在于迫使国家让步或废除某些不可容忍的措施，并且还在于改换政府和改变权力结构本身"（第273页）。换言之，公众的抵抗超越了谋求改革，而转向了要求革命，非法行为则是这些要求的某种表现。

　　其次，这种"政治层面的非法活动"变得更加复杂，因为它越来越多地同工人阶级斗争（"罢工、非法联盟、非法结社"，第273页）及共和派政党（随着国家通过新法来对其加以限制的每一次尝试而发展壮大）联系起来。沿着这一路径，工人阶级的斗争越来越少地针对特定的"不公正的执行者"（第274页）——如警察、法官或牧师——而更多针对法律与司法观念本身，尤其是针对由逐渐占据主导地位的资产阶级（及其资本主义生产模式）所确立的法律和

155

司法模式。在抵抗旧制度以展开"非法活动"之后,平民百姓转向了这样一种政治认知,即新兴资产阶级关于自由的"正义"观念往往具有阶级属性(如抵制工会的法律便是如此),因此,正义常常不是中立的,而是带有特定阶级的偏见。作为结果,"一系列非法活动也被纳入反对法律以及反对推行法律的阶级的自觉斗争中"(第274页)。在反对富人的阶级斗争中,下层阶级开始将罪犯视为同志,而并非格格不入的他者。

最后,由国家、地主或雇主所实施的新的法律的后果,是增加了"犯法的机会"(第275页),并将那些原本不会犯罪的个体置于这样的境地:不管是否心甘情愿,他们要么被指控犯罪,要么已经转向了非法活动。当权者在暗中逼迫"诚实的"穷人为生存而走上犯罪道路时,也在不经意间促进了不同社会群体的交流,那些通常不认为自己与罪犯相似的人,开始更感同身受地将自己与罪犯的命运联系起来。

尽管福柯并未发现关于一种成熟的"兼具政治性和社会性的大规模非法活动"(第275页)的证据,但在19世纪之交,"民众非法活动的三种扩散形式"开始"进入一般的政治视野",而某种犯罪与"社会斗争"的新的关系也得以发展。虽然"颠覆权力的可能"并非内在于一切的公众非法活动,"但许多非法活动形式能被应用于总体性的政治斗争,有时甚至能直接导致总体性的政治斗争"(第274页)。

不出意外,在这样的氛围中,中产阶级在整个19世纪上半叶愈发感受到工人阶级这一"无道德和无法无天的阶级"(第275页)所引发的焦虑。福柯暗示,这样的恐惧促成了一个意味深长的转向,即从18世纪将犯罪的兴趣和驱动力归于每一个人,转变为一种更明确的阶级关切,认为绝大多数罪犯来自下层阶级。

福柯引述了一些19世纪初的法律文献,他注意到,"法律与司法"几乎无法掩盖自身的"阶级的不对等"(第 276 页)。他指出,中产阶级将"非法活动中的一种特殊形式"分离出来,并"将(它)组织为一种相对封闭但又能被渗透的环境"(第 276 页)。这种由中产阶级培养起来,以压制另一种更具政治性、更流行的非法活动的非法活动形式,是"过失犯罪"(delinquency)(第 277 页)。过失犯罪是由"监狱体系"(carceral system)培养,并作为某种战略而安插于社会之中的"一种非法活动"。"简而言之,虽然在司法上合法活动和非法活动是对立的,但在战略上非法活动与过失犯罪是对立的"(第 277 页)。

因此,监狱不能被理解为一场失败,它制造了以过失犯的形式得以表现的犯罪的"病态的对象",即一种"特殊的、在政治或经济上危害较小的——以及有时可以利用的非法活动形式"(第 277 页)。尽管监狱的支持者也许会说,他们希望能减少非法活动,但正如福柯所指出的那样,他们实际上将监狱的物质结构及其获取关于犯人之信息的机制,作为增加监狱之外的过失犯罪的工具来使用。为什么会这样呢?

如果说,监狱的封闭空间是一个创造非法活动的实验室,那么中产阶级的利益则能够制造"过失犯罪这个被控制的非法状态",并以此为"统治集团的非法活动"(第 279 页)服务。是什么使非法活动向过失犯罪的转变对中产阶级与资本主义利益而言"有所助益"? 首先是经济利益,如通过色情行业或新近出现的武器或毒品的非法交易所牟取的利益:"过失犯群体与自私的清教要求处于一种共谋关系中,是一种操纵非法活动的不正当的财务代理人……一项法律禁令就能在自身周围创造出一个人们设法加以监督的非法活动领域,人们同时通过一些非法分子从中获取一种不正当的利润"(第 279-280 页)。

其次,过失犯之所以有用,是因为当权者可以把他们安插在群众之中,从而对"混沌而密集的民众群体"加以监视。原因在于,这些过失犯处于后刑事管理阶段的"持续不断的监视"(第278页)之下,并很容易面临失去自由而被送回监狱的威胁。同样,过失犯可以将卖淫或吸毒这样的非法活动带到工人阶级社区之中,通过破坏家庭与工人阶级激进分子的政治组织,他们能有效扰乱工人阶级社区的内部凝聚力。一个更晚近的例证或许是,黑人民权运动是怎样因海洛因与可卡因交易的猖獗而偏离轨道的,这些交易活动似乎从未被警方妥善地"处理"。过失犯也可作为劳动力而送往殖民地,尽管福柯不认为这是主要因素。

过失犯罪同样是瓦解工人阶级与左派的政治抵抗的有效途径。其原因在于,过失犯具有一种"政治功用",他们可以充当警方的告密者和奸细(agents provocateurs,即那些替武装警察煽风点火的人),也可以成为一种隐秘的、非正式的警方力量,从而搜集警方难以获取的、关于民众和社区的信息(第280页)。过失犯同样被允许"打入政党或工人协会,雇佣暴徒来对付罢工和暴动"(第280页)。在此,福柯引用了马克思在《路易·波拿巴的雾月十八日》(*Eighteenth Brumaire of Louis Napoleon*)中关于拿破仑的侄子是如何被夺取权力的描述,这样的描述也预言了20世纪的法西斯是怎样武装和部署暴徒,以反对左派和工人阶级政党。总之,福柯将过失犯罪定义为"实现统治阶级不正当的利益与权力流通的一种非法状态的转移和调用"(第280页)。

过失犯不仅为当权者提供了一个有力的工具,使他们可以渗透到甚至连进入都非常困难的社区;同时,过失犯也充当了一个廉价的控制体系,因为非正式的执行者不如领薪水的雇员那样代价高昂。制造过失犯罪的另一个目标,在于它同样证明,当权者有权对全体民众加以控制。试想一下"民间的恶魔"（folk devils）是怎样被创造出来以攫取公民的权利吧。比如说，"保护"我们免受互联网上的恋童癖或恐怖主义者之害的观念，为警方能阅览所有人的邮件的法规大开方便之门。福柯谈到，过失犯罪体系使采集相关知识的"档案制度"（documentary system）得以普遍化，使之从监狱内的操作扩展到运用于全体民众，这样，它也将犯罪设定为某种覆盖了所有人的状态。过失犯罪起到了"一种政治观察站"的作用；它"构成了一种对居民进行不断监视的手段：它是一种有可能通过过失犯本身对全部社会领域进行监视的机制"（第281页）。

概而言之，监狱为继续调查获释的犯人提供了理由，它充当了招募告密者的基地。这样，犯人也就拥有了一个告密的网络，从而有助于自己从监狱中获释。同时，监狱也使罪犯很难重新融入社会。如此一来，"犯人便很容易执行指派给他们的任务"（第282页）。过失犯罪由监狱和警察的结合所制造，而这三个因素（警察—监狱—过失犯）形成了现代社会的一个"结构性特征"（第282页）。

为了阐明这一"结合体"是怎样通过不同身份而得以循环，福柯列举了两位在19世纪声名狼藉的人物，欧仁·弗朗索瓦·维多克（1775—1857）和皮埃尔·弗朗索瓦·拉塞奈尔（1800—1836）。维多克是一个被关押的罪犯，他在后来成了警方的告密者和间谍，并最终成了一个国家认可的便衣警察组织的头目，他招募的很多手下同样都来自监狱。由于维多克同时也是一位科学犯罪学的先驱，他恰如其分地代表了新的社会科学与过失犯罪的政治使用之间的融合。维多克由囚犯到警长的地位改变，阐明了过失犯罪的"含混的意义，它既是警察机构的打击对象，又是警察机构的合作工具"（第283页）。在福柯看来，维多克的生涯标志着这样一个时期："过失犯罪,脱离了其他非法活动,被权力所控制,从而调转了方向……在这个动荡的时期,犯罪变成了权力的机制之一"（第283页）。

　　第二个人物是拉塞奈尔,一个被处决的轻微犯罪者和谋杀犯,他同时也是一位诗人。作为一名拙劣的犯罪者,狱中的拉塞奈尔得到了法国上流社会的赞美,即便他的狱友认为他比一个告密者好不到哪里去。福柯认为,拉塞奈尔不仅代表了非法活动转变为过失犯罪的时刻,同时也代表了这样一个时间点,即资产阶级试图将犯罪美化为某种只能被资产阶级自身很好地完成的事情,从而使过失犯罪的文化身份为自己所用。这样做的目的,在于夺取工人阶级所使用的关于犯罪的象征符码,并用这些观念来反对工人阶级。福柯说道,"我们不应该忘记,拉塞奈尔引人瞩目的死刑窒息了菲埃希暗杀路易-菲利普（Louis-Phillipe）所产生的影响;菲埃希是当时的弑君者之一,是相反的由轻微犯罪发展为政治暴行的代表形象"（第284页）。朱塞佩·马尔科·菲埃希（1790—1836）是一名来自科西嘉的轻微犯罪者,他带着伪造的证件来到巴黎,并成了"人权共和协会"（Republican Society of Human Rights）——一个在公众骚乱之后遭到政治压制的团体——的追随者。在菲埃希行刺国王失败后,高压式的法律得以通过,从而可以更轻易地检举政治异议并限制出版自由。福柯注意到,这样的情况并非巧合,即恰好在"菲埃希事件"发生前的几个月,政府下令禁止愈发具有威胁性的铁链囚犯队,此时的铁链囚犯队已经开始为罪犯的抵抗行为大唱赞歌。

　　福柯暗示,拉塞奈尔之所以赢得赞美,不仅仅因为他是一名典型的过失犯,同时也在于他的中产阶级背景使他令巴黎的资产阶级感到安心,这就与菲埃希所制造的威胁大不相同。维多克的发迹与拉塞奈尔的陨落是同一进程中的两个要素,这一进程涉及一种"特权者的非法活动"的创造。中产阶级开始基于自身需要而对犯罪加以"神话化"和"美学化",就像是托马斯·德·昆西(Thomas De Quincey)在他于 1849 年以法文刊行(最初于 1827 年以英文刊行)的《论谋杀作为一种优雅的艺术》(*Murder Considered as One of the Fine Arts*)中所做的那样。

至此,福柯转而描述了抵抗的方式,以及反对"警察—监狱—过失犯罪"体系的斗争。首先,福柯提醒我们注意,将过失犯与其他民众区分并"维持穷苦阶级对过失犯的敌意"(第 285 页)不是一件易如反掌的事情。当权者不得不广泛开展关于道德品行的活动,从而对罪犯的"地下世界"和工人阶级的社群加以区分。激起"穷苦阶级"对过失犯的敌意的一种方法,是几乎不加掩饰地"利用获释犯人充当告密者、警方密探、工贼和打手"(第 285 页);同时,对那些努力争取更优越工作条件的工人的惩罚也变得愈发严酷。劳工运动的政治领袖常常遭受较之"寻常的"罪犯更严厉的审判,而当这两个群体在监狱中被混杂在一起时,后者将得到更好的待遇,以增强工人阶级对罪犯的愤恨情绪。

除此之外,还存在着一种当权者的"耐心的努力",其宗旨在于使过失犯似乎始终存在并总是带来威胁,这一特征似乎使警方的持续监督成了理所当然(第 286 页)。关于犯罪的新闻报道常常格外耸人听闻,从而有助于煽动对这种"不露面的敌人"(第 286 页)的恐惧。畅销的犯罪小说将犯罪分子塑造为属于"一个完全不同的世界",他们要么来自下层阶级,要么来自疯狂的亚文化,要么则来自上流社会。无论在何种情况下,其效果都是使罪犯显得"既十分贴近又极其疏远,既形成了一种对日常生活的无时不在的威胁,但又有着令人感到极其陌生的起源与动机"(第 286 页)。在今天,或许我们想要比较,政府反对"恐怖主义"的策略与此是何其相似。

这样的双重策略产生了效果,工人阶级报纸开始抨击犯人的劳动,抱怨为犯人举办的慈善活动,并指责那些歌颂犯人的文学作品。但福柯同样坚称,这种策略从未如此成功地发挥作用,以至于创造一种"过失犯与下层阶级之间的全面决裂"(第287页)。比如说,尽管在1830—1850年,工人对过失犯保持着敌意(而这也标志着革命性力量的日益增长),但工人阶级还是围绕"刑罚"的观念和实践展开了斗争。工人报刊时常提供"一种对犯罪的政治分析,这种分析逐字逐句地反驳了"慈善家和资产阶级新闻报道的话语。左派出版物反转了既有的程式,并将"过失犯罪的起源"归咎于一个资产阶级支配的社会,而并非个别人。

同样,由于刑事审判是公开的,它们便取代铁链囚犯队的列队行进,而成为一个抵抗的契机。由于左派记者将"刑事司法的一般运作"(第288页)控诉为一场面向工人阶级所发动的战争,审讯报道也就成了"一个政治论辩的场合"(第288页)。这些每日报道之所以成为反"犯罪报告"的一种形式,是因为报纸将资产阶级和社会不公宣告为犯罪的根源。这也是乌托邦社会主义者夏尔·傅立叶(1772—1837)的追随者尤其热衷于做的事情。基于一种典型的无政府主义风尚,他们为犯罪辩护,并将其视为公众反叛的某种初始形态。

借助关于刑事审判何以成为一个政治论辩契机的例证,福柯表明,所有的司法体系,包括规训体系,都是可以被克服的。比如说,国王的恐怖和18世纪的符号系统之所以遭遇失败,是因为劳动阶层的观看者对它们加以反对。同样,规训只有在我们甘受其规范化法则影响的前提下才会生效。

在此,福柯引入了第四个不同于维多克、拉塞奈尔和菲埃希的角色,未成年的轻微犯罪者、流浪汉贝阿斯。他在审讯中满不在乎地高谈阔论,同时拒不接受将其羞辱为"生活的离轨者"并迫使其顺从的努力,从而对法官把他变成一个过失犯的尝试加以抵制。傅立叶主义者(Fourierist)的报纸将该案例视为一场反对资产阶级预设的论战。

164

虽然福柯承认,这些带有明显政治色彩的描述无法完全代表工人出版物,但他认为,这样的描述还是在 19 世纪后半期得到了回应。当时的无政府主义者"提出了过失犯罪的政治问题",他们并非仅仅试图对罪犯加以英雄化,而是试图进行一种结构性的批判,从而将过失犯罪同它的资产阶级网络区分开来,并将其与某种针对统治阶级的"民众非法活动的政治统一"(第 292 页)重新关联起来。抵制统治阶级的一种方式,是反转既有的说法,并宣称,中产阶级是真正的罪犯和社会堕落分子,因为他们依靠工人的被剥削劳动力所创造的利润而生存。

借助这一例证,福柯含蓄地表示,一种对司法体系之阶级本源的激进批判,如果与工人阶级的抵抗结合在一起的话,便能够使这一体系分崩离析。或许,这便是他对大学(历史)研究者如何为劳动阶层赋权提供修辞工具所作出的理解。

监　狱

福柯用名为"监狱"(the carceral)的一部分结束了《规训与惩罚》全书。他之所以选用"carceral"[1]这个术语，是因为它较之"prison"而言要更加宽泛，而福柯希望使用一个更具包容性的语汇，原因在于，通过讨论自己曾研究过的教养所中的规训技术是怎样更广泛地遍及整个社会，他将结束自己的研究。我们生活在福柯所谓的"监狱群岛"(carceral archipelago)(第297页)，这是一片广阔的领域，我们在其中受到一系列既相互关联，又在一定程度上保持独立的机构的规范。福柯在这一部分暗示，有必要将监狱作为一个规训式规范化(disciplinary normalization)的经典模式而加以研究，但如果只是将批判的矛头对准监狱，我们就无法认识到问题已变得何其普遍。此外，福柯还补充到，监狱在今天作为一种社会

165

---

[1] "carceral"一词在英语中的意思是"监狱的"、"监狱制度的"，福柯试图用这个形容词来指代形形色色的规训技术贯穿于当代社会之中的"监狱化"状态。——译者注

控制工具的重要性甚至还比不上 19 世纪。

在开始作出总结时,福柯谈到,如果要他来选择一个监狱体系完成的日期,他不会选择影响深远的"法国刑法典"(French penal code,这部法典在全欧洲被广泛地效仿)颁布的 1810 年;他也不会选择更晚近的法规得以出台的 1838 年或 1844 年(在这一时期,大量关于监狱改革的有影响力的著作纷纷问世)。相反,他所选择的是 1840 年梅特莱(Mettray)农场的开放,这是一个青少年犯罪者的收容机构。福柯之所以选择梅特莱,是因为它包含"最极端的规训形式"(第 293 页),其中有层级化的自我监管、持续不断的监督、工作、改造思想的教育以及惩罚式的隔离。

梅特莱中的权威是"行为的技师:品行工程师,个性矫正师"(第 294 页),而不仅仅是法官、教师、工头或替代性的家长。他们的任务是通过观察与文牍记录而"造就既驯顺又能干的身体"(第 294 页)。对福柯而言,梅特莱是一个理想的范例,因为它与医疗、教育以及宗教机构联系在一起,但又不完全是其中的一部分。因此,梅特莱所体现的是这样一些进程的扩散效应,它们在目前已向外辐射,并创造了一个更广泛的规训网络。福柯将梅特莱的开放理解为一个创始性的时刻,因为它并未证明自己是一次人道主义冒险或某种植根于理性科学的事物,而只是以可量化的规范为基础。这些规范似乎是单纯无害的,它们既不像慈善事业那样似乎是主观的,也不像数学证明那样客观冷峻,而是介于两者之间。梅特莱因此与社会科学的兴起结合在了一起。福柯提醒我们注意,梅特莱监狱的目标,在于实施一种"规训身体的技术",从而创造一种能够被认知的"灵魂",并实现个体的"服从"(在"变得顺从"和"成为案例研究之对象"这两重意义上)(第 295 页)。福柯强调,梅特莱是一个总体性的机构,它也对教官加以培训,这些作为学生的教官同样陷入了规训式教育的网络之中。

从上述所有情况可见,梅特莱几乎与科学心理学(scientific psychology)出现在同一年或许并非偶然。在 1846 年,恩斯特·海因里希·韦伯发表的《触觉与一般感觉》(Der Tastsinn und das Gemeingefüh[The Sense of Touch and Common Sensibility])标志着科学心理学的诞生。韦伯的作品试图发现对诸如疼痛这样的生理感觉(它们在最初似乎很难分类)加以定量测量的方法。福柯指出,这种对感觉加以分类的转变从属于早期心理学的出现,它是"规训、规范化与征服"(第 296 页)的专业化进程的一部分。因此,我们见证了一个新的历史阶段的开启,"权力—知识"(第 296 页)被包裹在医学和精神病学之中,并"得到了一种司法机制的支持,这种司法机制直接或间接地给予它一种法律证明"(第 296 页)。相应地,这些方法又通过医院、学校、公共管理机构、私人企业而得以扩散,它们的执行者在数量、专业资格和权力方面也得到了增长。因此,梅特莱标志着"在实施规范化的权力被规范化的过程中"的"一个新的时代"(第 296 页)。在这一时期,规训技术得到了广泛的接受和传播,同时也显得不具危害性。

在分节之后,福柯提出了一个反问:如果说,当代社会对监狱的使用方式依然同 19 世纪如出一辙,那么,为什么梅特莱会一方面表现为对规训的巩固,另一方面又表现为某些新事物的开端("形成的起点")? 是什么使这种新的历史分期具有了合法性? 福柯的回答是,梅特莱之所以标志着某种新的事物,是因为它不只是一座关押年轻人的监狱。梅特莱固然收容了青少年犯罪者,但它同样也收容了那些被宣判无罪的年轻人——那些被强行从父母身边带走或本来就是孤儿的年轻人。通过将那些被法庭明确宣判有罪的人和那些原本无罪的人混合起来,梅特莱展现了规训技术是

167

如何超越了仅仅对犯罪分子加以运用。

　　规训式规范化超越了"刑法范围的边界",而形成了福柯所谓的"监狱群岛"(第297页)。这个概念所参考的是亚历山大·索尔仁尼琴的《古拉格群岛》(*The Gulag Archipelago*),一部自1973年起在西方世界出版的多卷本著作,其出版时间恰好在《规训与惩罚》之前。索尔仁尼琴(1918—2008)所指涉的是一个由劳改营/监狱所形成的、遍布整个苏联的网络,而福柯对这一网络的影射表明,规范化机构同样在整个西方社会之中扩张。这一影射同样对冷战时期的保守派发起了控诉,这些保守派大力宣扬西方个人自由之于苏维埃国家政权的优越性。正如我们所看到的那样,福柯对我们在当代西方社会中能否真正自由地做我们想做之事抱有一定的怀疑。福柯用"carceral"这一术语来描述一个被教养技术所支配的社会。这些教养技术超越了实际的监狱区域,并形成了一个"宏大的监狱连续统一体"或"监狱网络"(carceral net)(第297页)。

　　刑罚之外的监禁的兴起,或教养技术在其他领域的运用,意味着当权者不再着眼于实际犯罪这类较大规模的事件,而是持续不断地关注"最轻微的非法活动,最不起眼的不正规、偏离或反常,以及过失犯罪的威胁"(第297页)。规训式规范化在社会领域中的扩展,意味着"过失犯罪的威胁"甚至在原本同法律无关的问题上也开始发挥作用。福柯用以说明规训之渗透的例证,是那些为穷人、遭受遗弃的孩童、年轻女性所设立的机构。这些人试图寻求保护,以避免陷入一种卖淫并遭受虐待的生活,或避免被关进少年管教所。规训同样被这样一些机构所运用,它们虽然并未真正把人们关押起来,但常常对监狱之外的生活保障加以分配。这些机构包括"慈善团体,道德改良协会,提供帮助同时也进行监督的组织,工人的(居住)区与集体宿舍"(第298页)。在上述机构中,有很多都把接受其服务的人作为罪犯或犯人来对待,原因仅仅在于这些人缺乏社会权力。

随着监狱技术由监狱扩散到"整个社会机体"(第298页),福柯阐明了六种主要的后果。

第一,人们越来越容易以某种方式偏离正常行为,而不管这种偏离在实际上的严重程度如何。随着"借助观察与评估、划分等级、分辨程度、作出裁决、施加惩罚"(第299页)的机构所形成的网络的发展,一种"连续的等级"得以出现。在此,轻微的不轨行为,另类的生活方式,以及更严重罪行之间的差异很容易变得模糊不清。对待格格不入和非"正常"的方式,与对待严重犯罪的方式相一致。这种"最轻微的不规范与最严重的犯罪"(第299页)之间的难以分辨,意味着"社会的敌人"不再是明确威胁到(君主)国家的中央集权的那些人,而是与众不同并因此而变得可疑的人们。身为一个"局外人"(outsider),即处于社会认可的规范之外的人(包括那些崇尚另类的音乐、服装以及性快感等的人们),如今已无异于国家之敌,无异于某种需要被制度化的立场。人们甚至在真正的非法行为发生前就可以在事实上成为一个天生的过失犯。

第二,这些致力于发现"非正常状态"的机构在数量上的增加,其结果是一个网络的出现,在这一网络中,人们能够轻易地从一个机构通往另一个机构。一种"规训职业经历"得以建立,它使主体毕其一生都在由不同机构所组成的链条上来回穿梭(第300页)。一个人一旦被标记出来,便几乎不可能逃脱由一个场所向另一个场所转移的命运,从孤儿院到学校、到救济院,再到监狱,等等。"过失犯是一种制度的产物"(第301页)。福柯暗示,在18世纪,依然存在着一个逃离"权力的直接控制者"(第300页)的空间,因为人们有可能隐藏在边缘性的底层社会或亚文化之中;在规训的现代性中,这些空缺已经消失不见:"监狱网络"不允许任何人处于其监督"之外",究其原因,正如福柯在此前的部分中解释过的那样,它以"非正常"为工具来对他人加以规训;同时,在社会范围内,还充斥着不计其数的规训中心。

第三,"监狱体系及其远远超出合法监禁之外延的最重要后果也许是"(第 301 页),它降低了公众抵抗规训的门槛,因为它的无所不在使规训显得"自然"、"正当"而不那么引人瞩目(第 301 页)。规训式规范化成功地使自己的权力显得微乎其微而不会遭到控诉,原因在于,它不断将"司法正义"(legal justice)和"超司法规训"(extra-legal discipline)这两种法则结合起来。由于存在着一个明确的法院系统,我们便可以假定,现代司法以及法庭之外的、由法律认可的规训"不再具有任何过分或暴力的性质"(第 302 页),因而也不会与我们的自由相抵牾。监狱(监狱技术超越监狱界限的总体性扩张)使法律制裁显得自然而不那么独断专行,因为它们反映了法庭外发生的事情,而法庭则常常对非司法权威的权力加以维护。

福柯认为,由于人们用以逃避监狱的"最新的'康复'机构"与监狱本身的差异微乎其微,"惩罚权力在实质上与治疗权力或教育权力已经没有了实质性的区别"(第 303 页)。通过在社会机体的每一个层面加以操作,同时也通过将矫正的技艺与惩罚的权利不断混合起来,监狱的普遍存在降低了"使惩罚变得自然和可接受"(第 303 页)的标准。

由此出发,福柯重申了自己对作为一种技术的监狱何以被采纳的基本观点。通过使法律制裁显得自然而然;同时,通过为规训提供某种法律支持,监狱使当权者的暴行显得可以接受。在一个充分发展的资本主义社会中,在"关于人的积聚和管理的问题首次出现"(第 303 页)的时期,监狱使反叛精神遭到了削弱。

福柯注意到,一个常常被提及的问题是,"在大革命前后,惩罚的权力是如何获取一种新的基础的"(第 303 页)。标准的答案是"契约理论"(theory of the contract)(第 303 页),它既意味着公民同国家签署的一项涉及国家统治权利的、不言自明的协议,同时也意味着一个市场社会的理想,基于这一理想,商品与服务将通过受法律约束的合同而被交换。自由国家与资本主义经济的捍卫者对契约加以强调。福柯则谈到,重要的是以相反的方式追问:"民众是如何被造得能够接受惩罚权力,或更简单地说,民众是如何被造就得能够容忍被惩罚的?"(第 303 页)契约理论无法靠虚构一个神话式的、不可逆转的"时刻"——在这一时刻,"司法主体"签署协议,使他人有权支配自己——而对上述问题加以解答。反之,福柯认为,是新兴的"监狱连续统一体"所制造的压力"建构了与那种荒诞不经的授权相反的、具有直接物质性的技术现实"(第 303 页)。监狱是社会强制与被建构之共识的融合。

监狱的第四个后果,是一种新的"法律"形式的出现,它将法律禁令与建立规范的愿望混合在一起。法律的作用不仅仅是抑制犯罪,还在于参与到善良灵魂的生产过程中。上述状况所带来的后果是,法官的性质发生了改变,他们试图惩罚得更少一些,而依照规范"改造"得更多一些。无论我们是否对法官的意图加以谴责,他们向医生、精神病学家和犯罪学家的转变都应当归因于监狱的扩张。规范化如今已随处可见;它被视为教师、医生、社会工作者等所展开的实践,"每一个人,无论是否自觉",都服从于施加在"他的身体、姿态、行为、态度、成就"(第 304 页)之上的规范化律令。

第五个后果,是监狱的"各种繁多而相互重合的机制",这些机制试图使人变得有用而驯顺,它们一方面得到了社会科学的支持,另一方面也造就了社会科学的"历史的可能性"(第 305 页)。"可认识的人(灵魂、个性、意识、行为等)是这种分析性介入,这种支配—观察的对象—效果"(第305页)。

最后,这些机制的普遍存在也成了监狱为何显得如此难以改造的理由;我们的"惯性"来自这样的事实,即需要被改革的再也不仅仅是监狱,而是资本主义经济体制下的几乎整个市民社会。但福柯并非认为监狱"不能被转变,也并非认为它一旦确立就成了我们这种社会中永远不可缺的事物"(第305页)。然而,这条积极信息在某种程度上是被冲淡了的。

监狱在两个进程中将受到"重大的限制"(第306页)。首先是"减少被当作一种被封闭与监视的特殊非法活动的过失犯罪的效用(或增加其不利之处)"(第306页)的任何事物。我们也许会认为,福柯在此所指的是公众的反叛,但奇怪的是,他的例证来源于"同政治与经济机构有直接关联的重大国内或国际非法活动(金融方面的非法活动、情报工作、武器与毒品交易、资产投机生意)的发展"(第306页),这些活动冲破了规训的社会空间的严格控制。从毒品、军火交易、房地产投机,以及其他经济犯罪所获取的利润(及其相互影响)显得太过巨大,以至于无法被先在的规范化约束所威胁。与此相似,当国家税收能通过尽管声名狼藉但却符合法律的色情文学、淫乐服务,以及避孕用品的贩卖而带来大量公共收入时,19世纪传统的性的层级结构便不那么奏效。在这一层级结构中,卖淫只有在提供给受保护的中产阶级男性时才会得到心照不宣的许可。福柯所暗示的是,正如当代中产阶级摧毁了19世纪的工业机制一般,当上述进程本身成了通往一个不断发展的、更大规模的资本主义的障碍时,旧有的规训技术同样会在20世纪晚期遭到抛弃。当传统的"道德失范"可以在当代全球化市场中带来更高利润时,一部分中产阶级将抽身而出,并失去对道德边界加以监控

173

的兴趣。针对当代社会对性滥交、吸食毒品以及停止审查影视剧中美化暴力内容的要求，福柯提出了含蓄的批评。因为这些从前的越轨行为在今天却能够带来高额利润（这在 19 世纪不那么全球化的市场中是不可能的），过去对空间、时间和人类贸易的道德控制便不那么面面俱到。

　　导致监狱改革不那么重要（但不一定不值得为之）的第二个方面，是当诸多其他的社会功能"承担了越来越多的监督与评估的权力"（第 306 页）时，监狱便成了一个不那么意味深长的节点。如果说，在我们今天的想象中，监狱不再具有强大的威慑力，原因仅仅在于，它的功能目前存在于众多其他领域之中。那么，当规范化被教育家、社会工作者等人所实施时，"监狱的特点及其作为联结环节的作用正在丧失原有的某种目的"（第 306 页）。对福柯而言，"如果说围绕着监狱有一个全局性的政治问题"（第 306 页），这个问题并非真正涉及监狱，而是涉及"这些从事规范化的机制……及其所具有的广泛权力被过分地使用了"（第 306 页）。

　　不过，福柯并未以如此严峻的论调来结束全篇。通过引用控诉中产阶级社会愿景的激进傅立叶主义报刊《法郎吉》（La Phalange）刊载于 1836 年的一篇文章，他用一则关于政治抵抗的逸事来总结自己的研究。在资产阶级世界的中心，存在着林林总总的监狱机构，它们被刑事与治安部门所包围；反过来，这些刑事与治安部门又被金融腐败、工业剥削、耸人听闻的出版业、自鸣得意的中产阶级，以及不受约束的市场竞争裹挟其中，这就是"人人对人人的残忍的战争"（第 307 页）。

　　福柯之所以选取这一例证，是因为它所暗示的并非一种（君主的）中心权力，而是一个"由不同因素所组成的复杂网络"以及一种"战略性的分配"（第 307 页）。"把这些机构说成压制、排斥、制造

174

边缘的机构的种种观念,不足以描述……居心叵测的怜悯、不可公开的残酷伎俩、鸡零狗碎的小花招、精心计算的方法,以及技术与'科学'等的形成,所有这一切都是为了制造出受规训的个体"(第308页)。尽管在这里,福柯的模型是一种高度分散的权力形式,但他同样明白无误地指出,是资产阶级及其资本主义利益,是"商业与工业"建构了监狱网络,这种监狱网络在不同阶级的"斗争"中充当了一种"战略"。伴随这一提示,福柯对《规训与惩罚》作出了总结,他暗示,这部作品将成为对"现代社会的规范化权力以及知识形成"(第308页)的后续研究的一篇情境性序言和一个"历史背175 景"。无论是否承认福柯足以完成这样的工作,我们都可以接受他所提出的邀约与挑战,并继续为我们自己推进这样的工作。

进阶阅读书目

最佳的"下一步的"福柯阅读

Foucault, Michel. *The History of Sexuality*：*Volume I*：*An Introduction*.
New York: Pantheon, 1978.

——. *Power/Knowledge*：*Selected Interviews and Other Writings*，*1972-
1977*. (ed.) Colin Gordon. New York: Pantheon, 1980.

——. *Power*：*Essential Works of Foucault*，*1954-1984*；*Vol. 3*. (ed.) James
Faubion. London: Penguin, 2002.

在福柯去世之后,他被学生录音的年度讲座得以编辑并出版。
在撰写本书时,与《规训与惩罚》的读者关系最密切的是如下三次
讲座。这些讲座往往对《规训与惩罚》中的段落作出了更清晰而细
致的诠释。

Foucault, Michel. '*Society Must Be Defended*'：*Lectures at the Collège de
France*，*1975-1976*. (eds) Mauro Bertani and Alessandro Fontana. New
York: Picador, 2003.

——. *Security*，*Territory*，*Population*：*Lectures at the Collège de France*，

1977-1978. (ed.) Michel Senellart. Basingstoke: Palgrave Macmillan, 2007.

——. *The Birth of Biopolitics: Lectures at the Collège de France, 1978-1979.* (ed.) Michel Senellart. Basingstoke: Palgrave Macmillan, 2008.

福柯的传记

Eribon, Didier. *Michel Foucault.* Cambridge: Harvard University Press, 1991.

Macey, David. *The Lives of Michel Foucault.* London: Hutchinson, 1993.

Miller, Jim. *The Passion of Michel Foucault.* New York: Simon & Schuster, 1993.

对福柯的一般的讨论

Halperin, David M. *Saint Foucault: Towards a Gay Hagiography.* New York: Oxford University Press, 1995.

Hoy, David Couzens (ed.) *Foucault: A Critical Reader.* Oxford: Blackwell, 1986.

Veyne, Paul. *Foucault: His Thought, His Character.* Cambridge: Polity, 2010.

对福柯的监狱行动主义的阐释

Artières, Philippe, Laurent Quéro and Michelle Zancarini-Fournel (eds) *Le Groupe D'Information Sur Les Prisons: Archives D'une Lutte, 1970-1972.* Paris: Éditions de l'IMEC, 2003.

Bourg, Julian. *From Revolution to Ethics: May 1968 and Contemporary French Thought.* Montreal: McGill-Queen's University Press, 2007.

Brich, Cecile. 'The Groupe D'Information Sur Les Prisons: The Voice of Prisoners? Or Foucault's?' Foucault Studies. 5 (2008): 26-47.

犯罪、越轨和社会控制的历史与批判性研究

Bender, Thomas (ed.) *The Antislavery Debate*：*Capitalism and Abolitionism as a Problem in Historical Interpretation*. Berkeley: University of California Press, 1992. [关于人道主义与阶级的经典论争]

Davis, Mike. *City of Quartz*：*Excavating the Future in Los Angeles*. London: Verso, 1990.

Garland, David. *Punishment and Modern Society*：*A Study in Social Theory*. Chicago: University of Chicago Press, 1990.

Gatrell, V.A.C. *The Hanging Tree*：*Execution and the English People*，*1770-1868*. Oxford: Oxford University Press, 1994.

Goffman, Erving. *Asylums*：*Essays on the Social Situation of Mental Patients and Other Inmates*. Garden City, NY: Anchor, 1961.

Greenberg, David F. (ed.) *Crime and Capitalism*：*Readings in Marxist Criminology*. Palo Alto: Mayfield, 1981.

Hall, Stuart, Chas Critcher, Tony Jefferson, John Clarke and Brian Robert. *Policing the Crisis*：*Mugging*，*the State*，*and Law and Order*. London: Macmillan, 1978.

Ignatieff, Michael. *A Just Measure of Pain*：*The Penitentiary in the Industrial Revolution*，1750-1850. New York: Pantheon, 1978.

Johnston, Norman Bruce, with Kenneth Finkel and Jeffrey A. Cohen. *Eastern State Penitentiary*：*Crucible of Good Intentions*. Philadelphia: Philadelphia Museum of Art for the Eastern State Penitentiary Task Force of the Preservation Coalition of Greater Philadelphia, 1994.

Linebaugh, Peter. *The London Hanged*：*Crime and Civil Society in the Eighteenth Century*. London: Allen Lane, 1991.

Melossi, Dario. *Controlling Crime*，*Controlling Society*：*Thinking About Crime in Europe and America*. Cambridge: Polity, 2008.

——. (ed.) *The Sociology of Punishment*：*Socio-Structural Perspectives*. Aldershot: Ashgate, Dartmouth, 1998. [其中收录了涂尔干讨论犯罪的论文，以及关于鲁舍和基希海默尔的几篇文章]

Melossi, Dario and Massimo Pavarini. *The Prison and the Factory: Origins of the Penitentiary System*. London: Macmillan, 1981.

Meranze, Michael. *Laboratories of Virtue: Punishment, Revolution, and Authority in Philadelphia, 1760-1835*. Chapel Hill: University of North Carolina Press, 1996.

Rothman, David J. *The Discovery of the Asylum: Social Order and Disorder in the New Republic*. Boston: Little, Brown, 1971.

——. *Conscience and Convenience: The Asylum and Its Alternatives in Progressive America*. Boston: Little, Brown, 1980. [rev. ed. New York: De Gruyter, 2002]

Rusche, Georg and Otto Kirchheimer. *Punishment and Social Structure*. New York: Columbia University Press, 1939.

福柯所使用的文学研究

Alber, Jan and Frank Lauterbach (eds) *Stones of Law, Bricks of Shame: Narrating Imprisonment in the Victorian Age*. Toronto: University of Toronto Press, 2009.

Miller, D.A. *The Novel and the Police*. Berkeley: University of California Press, 1988.

Sedgwick, Eve Kosofsky. *Epistemology of the Closet*. Berkeley: University of California Press, 1990.

Tambling, Jeremy. *Dickens, Violence and the Modern State: Dreams of the Scaffold*. London: Macmillan, 1995.

马克思与福柯

Poster, Mark. *Foucault, Marxism and History: Mode of Production Versus Mode of Information*. Cambridge: Polity, 1984.

Shapiro, Stephen. *How to Read Marx's Capital*. London: Pluto Press, 2008.

女性主义与福柯

Bell, Vikki. *Interrogating Incest*：*Feminism*，*Foucault and the Law*. London: Routledge, 1993.

Bordo, Susan. *Unbearable Weight*：*Feminism*，*Western Culture*，*and the Body*. Berkeley: University of California Press, 1993.

Diamond, Irene and Lee Quinby (eds) *Feminism and Foucault*：*Reflections on Resistance*. Boston: Northeastern University Press, 1988.

McLaren, Margaret A. *Feminism*，*Foucault and Embodied Subjectivity*. Albany: State University of New York Press, 2002.

McNay, Lois. *Foucault and Feminism*：*Power*，*Gender and the Self*. Cambridge: Polity, 1992.

Ramazanoglu, Caroline (ed.) *Up Against Foucault*：*Explorations of Some of the Tensions Between Foucault and Feminism*. London: Routledge, 1993.

Sawicki, Jana. *Disciplining Foucault*：*Feminism*，*Power*，*and the Body*. London: Routledge, 1991.

Taylor, Dianna and Karen Vintges (eds) *Feminism and the Final Foucault*. Urbana: University of Illinois Press, 2004.

网站

Foucault Studies. <www.foucault-studies.com>. [一份在线学术期刊]

Michel Foucault Archives. <http://www.michel-foucault-archives.org>. [以米歇尔·福柯为中心]

Michel Foucault Resources. <http://theory.org.uk/foucault/>.

Michel Foucault, Info. <http://foucault.info/>.

Michel-Foucault.com. <http://www.michel-foucault.com/>.

Welcome to the World of Michel Foucault.

<http://www.csun.edu/~hfspc002/foucault.home.html>.

索 引

由苏·卡尔顿(Sue Carlton)汇编

译后记

　　卡尔维诺曾断言:"一部经典作品是一本永不会耗尽它要向读者说的一切东西的书。"作为一部在西方文化史上留下独特印记的典范之作,《规训与惩罚》的意涵同样伴随无数读者的理解与阐发而得到了持续不断的弥散。无论是福柯对规训的扩散状态的深度追问,对身体的复杂功能的细致辨析,还是对知识与权力的暧昧关系的批判性思考,都在某种程度上与这个急剧变化、发展的当代社会形成了呼应,并不断释放出新的价值、意味和可能性。尤其是福柯反复强调的"全景敞视主义",在"新媒体事件"异军突起的当代中国得到了颇为有趣的反转。依托互联网这一开放、自由、无远弗届的技术性平台,新媒体事件颠覆了全景敞视监狱中少数人对多数人的监视与窥探,创造了无以计数的草根网民对极少数人或事加以"围观"的震撼性景观。从这个意义上说,虽然本书只是一本区区十万余字的小书,但通过对福柯的经典论著的详尽阐述和深入开掘,它不仅有助于还原福柯思想历程中的一个里程碑式的阶段,同时,也能够更清晰地描绘每一位普通男女在"现代化"生存中所感同身受的激情与无奈、困窘与迷惘。

　　当然,在任何"导读"性质的作品中,都存在着一个难以摆脱的悖论。一方面,导读固然起到了"指南"和"向导"的作用,它可以帮助读者在最短的时间内把握全书的主旨与脉络,而不至于在千头万绪的理论迷宫中茫然失措;但另一方面,导读又可能将"初学者"安置于某种先验的、预设的理论体系之中,使他们对原文产生先入为主的印象与感受,而丧失了带有个性化色彩的本真理解。针对上述困境,本书并未对《规训与惩罚》的内容加以亦步亦趋的"重述",而是在勾勒其总体框架的基础上,着重讨论人们在阅读该作品时最容易遗漏的几个关键问题,如隐含在福柯笔下的"大革命"的历史背景,福柯对马克思主义的复杂态度,福柯理论所蕴含的"能动性"和"革命性"因子,等等。由此出发,本书还注意将福柯的观点置于同波兰尼、涂尔干、尼采、阿尔都塞、葛兰西、拉美特里、马克斯·韦伯、亚当·斯密、索尔仁尼琴等众多思想家的参照与比较之中加以探究,从而告别了"就福柯言福柯"的单调,呈现出一种巴赫金意义上众声喧哗的"对话"状态。凡此种种,无不有利于读者进一步深入《规训与惩罚》的字里行间,并与之碰撞出绚烂的思想火花。

　　众所周知,翻译所涉及的是跨文化语境下的对话、沟通与交流,其中很难体会到"视域融合"式的意外之喜,更普遍的则是译者在不同个体、不同思想、不同文化背景之间跋涉的苦痛与艰辛。在翻译本书所引用的《规训与惩罚》原文时,我主要参考了刘北城、杨远婴两位先生于 2007 年出版的中译本(米歇尔·福柯:《规训与惩罚:监狱的诞生》,刘北城、杨远婴译,三联书店 2007 年版),在此表示衷心的感谢。同时,感谢我的博士导师周宪教授和硕士导师阎嘉教授长期以来对我的鞭策和督促,感谢师姐毛娟在翻译过程中对我的关心、鼓励和帮助,感谢李健、祁林、殷曼楟、周计武、熊伟、李森、李长生、杨磊、李三达、张驭茜、张佳峰等学友在工作之余和我的讨论与磋商,感谢学生李赛乔在精神上给予我的理解和支持。当然,最应当感谢的是生我养我的父母,没有他们多年来一如既往地默默奉献,我必将在这条"非功利"的学术之路上更加步履蹒跚。

由于初涉译事,错讹之处在所难免,因此,敬请诸位方家不吝赐教,多多批评、指正。

2016 年教师节于成都家中

图书在版编目(CIP)数据

导读福柯《规训与惩罚》/（英）安妮·施沃恩
（Anne Schwan），（英）史蒂芬·夏皮罗
（Stephen Shapiro）著；庞弘译. -- 2 版. -- 重庆：
重庆大学出版社，2019.6（2025.3 重印）
（思想家和思想导读丛书）
书名原文：How to Read Foucault's Discipline
and Punish
ISBN 978-7-5689-1055-2

Ⅰ.①导…　Ⅱ.①安…②史…③庞…　Ⅲ.①福柯(
Foucault, Michel 1926—1984)—哲学思想—思想评论
Ⅳ.①B565.59

中国版本图书馆 CIP 数据核字（2019）第 206798 号

导读福柯《规训与惩罚》
（修订版）

［英］安妮·施沃恩
［英］史蒂芬·夏皮罗　著
庞　弘　译
策划编辑：贾　曼　陈　康
特约策划：邹　荣　任绪军
责任编辑：林佳木　陈　康　　版式设计：邹　荣
责任校对：邹　忌　　　　　　责任印制：张　策

*

重庆大学出版社出版发行
出版人：陈晓阳
社址：重庆市沙坪坝区大学城西路 21 号
邮编：401331
电话：(023) 88617190　88617185(中小学)
传真：(023) 88617186　88617166
网址：http://www.cqup.com.cn
邮箱：fxk@ cqup.com.cn（营销中心）
全国新华书店经销
重庆市正前方彩色印刷有限公司印刷

*

开本：890mm×1168mm　1/32　印张：6.75　字数：162千　插页：32 开 2 页
2019 年 9 月第 2 版　　2025 年 3 月第 5 次印刷
ISBN 978-7-5689-1055-2　定价：35.00 元

gu∕de

思想家和思想导读丛书

★表示巳出版

思想家导读

导读齐泽克★　　　　　　导读德里达★

导读德勒兹★　　　　　　导读弗洛伊德(原书第2版)★

导读尼采★　　　　　　　导读海德格尔(原书第2版)

导读阿尔都塞★　　　　　导读鲍德里亚(原书第2版)★

导读利奥塔★　　　　　　导读阿多诺★

导读拉康★　　　　　　　导读福柯★

导读波伏瓦★　　　　　　导读萨义德(原书第2版)

导读布朗肖　　　　　　　导读阿伦特

导读葛兰西★　　　　　　导读巴特勒

导读列维纳斯★　　　　　导读巴赫金★

导读德曼★　　　　　　　导读维利里奥

导读萨特★　　　　　　　导读利科

导读巴特★

思想家著作导读

导读尼采《悲剧的诞生》★　　导读德勒兹《差异与重复》

导读巴迪欧《存在与事件》　　(亨利·萨默斯-霍尔 著)

导读德里达《书写与差异》　　导读德勒兹与加塔利《什么是哲学?》

导读德里达《声音与现象》　　导读福柯《性史(第一卷):认知意志》★

导读德里达《论文字学》　　　导读福柯《规训与惩罚》★

导读德勒兹与加塔利《千高原》★　导读萨特《存在与虚无》

导读德勒兹《差异与重复》　　导读维特根斯坦《逻辑哲学论》★

(乔·休斯 著)　　　　　　　导读维特根斯坦《哲学研究》

思想家关键词

福柯思想辞典★　　　　　　布迪厄:关键概念(原书第2版)

巴迪欧:关键概念★　　　　　福柯:关键概念

德勒兹:关键概念(原书第2版)　阿伦特:关键概念★

阿多诺:关键概念★　　　　　德里达:关键概念

哈贝马斯:关键概念★　　　　维特根斯坦:关键概念

朗西埃:关键概念